JN430163

N3

허성미
나카자와 유키
공저

다락원

JLPT(일본어능력시험)
만점공략 실전모의고사 N3

지은이 허성미, 나카자와 유키
펴낸이 정규도
펴낸곳 (주)다락원

초판 1쇄 발행 2017년 4월 26일
초판 2쇄 발행 2018년 12월 14일

책임편집 송화록, 한누리, 손명숙
디자인 하태호, 정규옥

다락원 경기도 파주시 문발로 211
내용문의: (02)736-2031 내선 460~466
구입문의: (02)736-2031 내선 250~252
Fax: (02)732-2037
출판등록 1977년 9월 16일 제406-2008-000007호

값 15,000원
ISBN 978-89-277-1157-5 14730
978-89-277-1154-4(set)

http://www.darakwon.co.kr

- 다락원 홈페이지를 방문하면 상세한 출판 정보와 함께 동영상강좌, MP3 자료 등 다양한 어학 정보를 얻을 수 있습니다.
- 다락원 홈페이지 또는 표지의 QR코드를 스캔하면 MP3 파일 및 관련 자료를 다운로드 할 수 있습니다.

머리말

많은 분께 JLPT(일본어능력시험)를 보는 이유를 물으면 여러 가지 답이 나올 겁니다. 대학 졸업을 위해서, 일본어 실력을 점검하기 위해, 취직이나 승진을 위해 등 다양한 이유로 JLPT를 보지요. 하지만 이유는 제각각이어도 우리의 목표는 딱 하나, JLPT N3의 합격입니다.

이 책은

- **최신 기출 문제를 바탕으로 만들어졌습니다.**
- **실제 시험에서 출제된 어휘를 골고루 활용하였습니다.**
- **실제 시험과 같은 형식으로 구성하였습니다.**

이 책은 JLPT N3 2010년 1회부터 시험을 실제로 다 치뤄 본 저자가 출제 경향 및 문제 유형을 파악하고 분석하여 문제에 반영하였고, JLPT 시험을 합격하고자 하는 학습자가 최대한 실제 시험처럼 느끼며 연습할 수 있도록 문제를 구성하였습니다.

JLPT 합격을 위해서는 같은 문제를 반복적으로 풀어보는 연습이 중요합니다. 처음 문제를 풀 때는 모의고사 교재로서, 두 번째 문제를 풀 때는 오답 정리 교재로서, 세 번째 문제를 풀 때는 활용된 어휘를 확인하고 점검하는 교재로서 활용하면 단기간에 꼭 원하는 점수로 합격하실 수 있을 것이라고 확신합니다.

여러분의 합격을 진심으로 기원합니다.

저자 **허성미**(나루미), **나카자와 유키**

JLPT(일본어능력시험)에 대하여

1 JLPT의 레벨

시험은 N1, N2, N3, N4, N5로 나뉘어져 있어 수험자가 자신에게 맞는 레벨을 선택합니다. 각 레벨에 따라 N1~N2는 언어지식(문자·어휘·문법)·독해, 청해의 두 섹션으로, N3~N5는 언어지식(문자·어휘), 언어지식(문법)·독해, 청해의 세 섹션으로 나뉘어져 있습니다.

시험과목과 시험시간 및 인정기준은 다음과 같으며, 인정기준을「읽기」,「듣기」의 언어 행동으로 나타납니다. 각 레벨에는 이들 언어행동을 실현하기 위한 언어지식이 필요합니다.

레벨	과목별 시간		인정기준
	유형별	시간	
N1	언어지식(문자·어휘·문법)·독해	110분	기존시험 1급보다 다소 높은 레벨까지 측정 읽기 논리적으로 약간 복잡하고 추상도가 높은 문장등을 읽고, 문장의 구성과 내용을 이해할 수 있으면, 다양한 화재의 글을 읽고, 이야기의 흐름이나 상세한 표현의도를 이해할 수 있다. 듣기 자연스러운 속도의 체계적 내용의 회화나 뉴스, 강의를 듣고, 내용의 흐름 및 등장인물의 관계나 내용의 논리구성 등을 상세히 이해하거나, 요지를 파악할 수 있다.
	청해	60분	
	계	170분	
N2	언어지식(문자·어휘·문법)·독해	105분	기존시험의 2급과 거의 같은 레벨 읽기 신문이나 잡지의 기사나 해설 평이한 평론 등, 논지가 명쾌한 문장을 읽고 문장의 내용을 이해할 수 있으며, 일반적인 화제에 관한 글을 읽고, 이야기의 흐름이나 표현의도를 이해할 수 있다. 듣기 자연스러운 속도의 체계적 내용의 회화나 뉴스를 듣고, 내용의 흐름 및 등장인물의 관계를 이해하거나, 요지를 파악할 수 있다.
	청해	50분	
	계	155분	
N3	언어지식(문자·어휘)	105분	기존시험의 2급과 3급사이에 해당하는 레벨(신설) 읽기 일상적인 화제에 구체적인 내용을 나타내는 문장을 읽고 이해할 수 있으며, 신문의 기사제목등에서 정보의 개요를 파악할 수 있다. 일상적인 장면에서 난이도가 약간 높은 문장을 바꿔 제시하며 요지를 이해할 수 있다. 듣기 자연스러운 속도의 체계적 내용의 회화를 듣고, 이야기의 구체적인 내용을 등장인물의 관계등과 함께 거의 이해할 수 있다.
	언어지식(문법)·독해		
	청해	40분	
	계	145분	
N4	언어지식(문자·어휘)	95분	기존시험 3급과 거의 같은 레벨 읽기 기본적인 어휘나 한자로 쓰여진, 일상생활에서 흔하게 일어나는 화제의 문장을 읽고 이해할 수 있다. 듣기 일상적인 장면에서 다소 느린 속도의 회화라면 거의 내용을 이해할 수 있다.
	언어지식(문법)·독해		
	청해	35분	
	계	130분	
N5	언어지식(문자·어휘)	80분	기존시험 4급과 거의 같은 레벨 읽기 히라가나나 가타가나, 일상생활에서 사용되는 기본적인 한자로 쓰여진 정형화된 어구나, 문장을 읽고 이해할 수 있다. 듣기 일상생활에서 자주 접하는 장면에서 느리고 짧은 회화로부터 필요한 정보를 얻어 낼 수 있다.
	언어지식(문법)·독해		
	청해	30분	
	계	110분	

※N3 - N5 의 경우, 1교시에 언어지식(문자·어휘)과 언어지식(문법)·독해가 연결 실시됩니다.

2 시험결과의 표시

레벨	득점 구분	득점 범위
N1	언어지식(문자·어휘·문법)	0 ~ 60
	독해	0 ~ 60
	청해	0 ~ 60
	종합득점	0 ~ 180
N2	언어지식(문자·어휘·문법)	0 ~ 60
	독해	0 ~ 60
	청해	0 ~ 60
	종합득점	0 ~ 180
N3	언어지식(문자·어휘·문법)	0 ~ 60
	독해	0 ~ 60
	청해	0 ~ 60
	종합득점	0 ~ 180
N4	언어지식(문자·어휘·문법)·독해	0 ~ 120
	청해	0 ~ 60
	종합득점	0 ~ 180
N5	언어지식(문자·어휘·문법)·독해	0 ~ 120
	청해	0 ~ 60
	종합득점	0 ~ 180

N1, N2, N3의 득점구분은 '언어지식(문자 · 어휘 · 문법)', '독해', '청해'의 3구분입니다.
N4, N5의 득점구분은 '언어지식(문자 · 어휘 · 문법) · 독해'와 '청해'의 2구분입니다.

3 시험결과 통지의 예

다음 예와 같이 ① '득점구분 별 득점'과 득점구분 별 득점을 합계한 ② '종합득점', 앞으로의 일본어 학습을 위한 ③ '참고정보'를 통지합니다. ③ '참고정보'는 합격/불합격 판정 대상이 아닙니다.

*예 : N3을 수험한 Y씨의 '합격/불합격 통지서'의 일부성적정보 (실제 서식은 변경될 수 있습니다.)

① 득점 구분 별 득점			② 종합득점
언어지식(문자·어휘·문법)	독해	청해	
50 / 60	30 / 60	40 / 60	120 / 180

③ 참고 정보	
문자·어휘	문법
A	C

A 매우 잘했음 (정답률 67% 이상)
B 잘했음 (정답률 34%이상 67% 미만)
C 그다지 잘하지 못했음 (정답률 34% 미만)

이 책의 구성과 특징

이 책은 2010년부터 시행된 JLPT(일본어능력시험) N3에 대비하기 위한 실전모의고사 문제집입니다. 출제 경향 및 문제 유형을 철저히 분석하여 문제에 반영하였고, 학습자가 JLPT 시험을 앞두고 실제 시험과 같은 형태로 구성한 문제를 직접 풀어 보며 시험에 익숙해질 수 있도록 하였습니다.

본책은 〈실전모의고사 5회분〉과 〈채점표〉, 〈정답 및 청해 스크립트〉, 〈해답 용지〉로 이루어져 있으며, 다락원 홈페이지에서 〈청해 음성(MP3) 파일〉과 〈해설집(PDF) 파일〉을 제공합니다.

실전모의고사

실제 시험과 같은 형태의 실전모의고사를 총 5회분 실었습니다.
실제 시험과 똑같이 구성하여 문제 푸는 요령을 익히는 데에 도움이 됩니다.

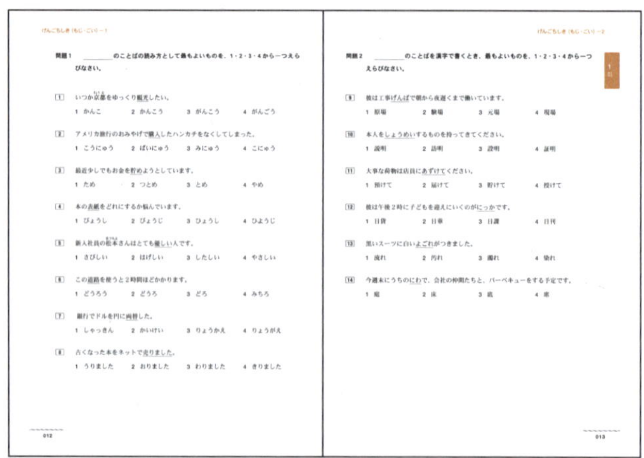

채점표

문제를 풀어보고 자신의 예상 점수를 확인할 수 있게끔 임의적으로 만든 채점표를 실었습니다.

※ 실제 시험은 상대 평가 방식이므로 오차가 발생할 수 있습니다.

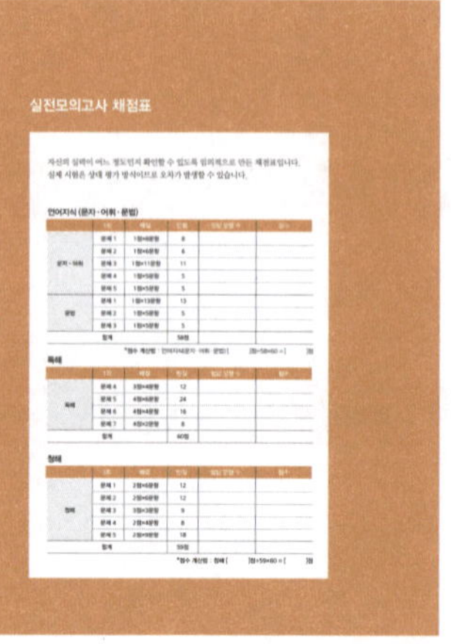

정답 및 청해 스크립트

모의고사의 정답과 청해 문제의 스크립트를 정리하였습니다.

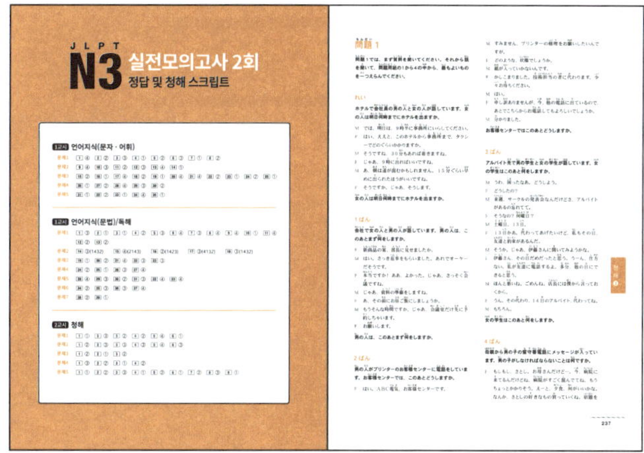

해답 용지

실전모의고사를 풀 때 필요한 해답 용지입니다.
실제 시험을 보듯 이를 활용하여 미리 해답 기재 요령을 익힐 수 있습니다.

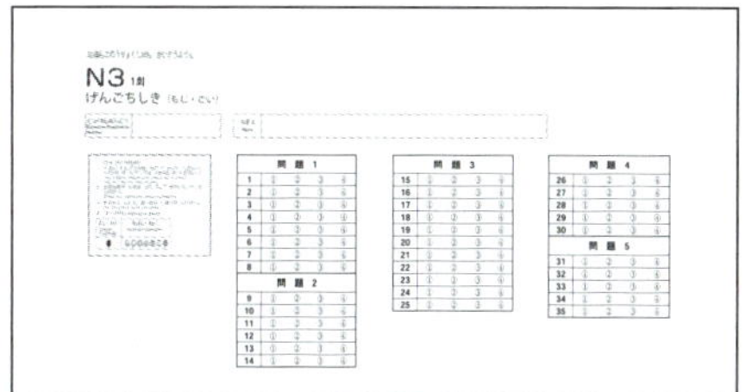

학습 도우미 온라인 무료 다운로드

청해 음성(MP3)

모의고사 청해 문제를 풀기 위한 음성 파일입니다.

- **스마트폰**
  스마트폰으로 QR코드를 스캔하면 다락원 홈페이지의 본책 페이지로 바로 이동합니다.
  'MP3 듣기' 버튼을 클릭합니다. 모바일로 접속하면 회원 가입과 로그인 절차 없이 바로 MP3 파일을 듣거나 다운로드 받을 수 있습니다.
- **PC**
  다락원 홈페이지(www.darakwon.co.kr)에 접속하여 검색창에 「JLPT 만점공략 실전모의고사」를 검색하면 자료실에서 MP3 음성을 듣거나 다운로드 받을 수 있습니다. 간단한 회원 가입 절차가 필요합니다.

해설집(PDF)

학습자의 실력 향상에 도움이 되기 위해 정확한 해석과 명쾌하고 친절한 해설을 실었으며, 따로 사전을 찾지 않아도 학습이 가능하게끔 문제에 나온 단어를 자세히 정리하였습니다.

- **스마트폰**
  스마트폰으로 QR코드를 스캔하면 다락원 홈페이지의 본책 페이지로 바로 이동합니다.
  '자료실' 버튼을 클릭합니다. 모바일로 접속하면 회원 가입과 로그인 절차 없이 바로 'JLPT 만점공략 실전모의고사 N3 해설집.pdf' 파일을 보거나 다운로드 받을 수 있습니다.
- **PC**
  다락원 홈페이지(www.darakwon.co.kr)에 접속하여 검색창에 「JLPT 만점공략 실전모의고사」를 검색하면 자료실에서 'JLPT 만점공략 실전모의고사 N3 해설집.pdf' 파일을 보거나 다운로드 받을 수 있습니다. 간단한 회원 가입 절차가 필요합니다.

목차

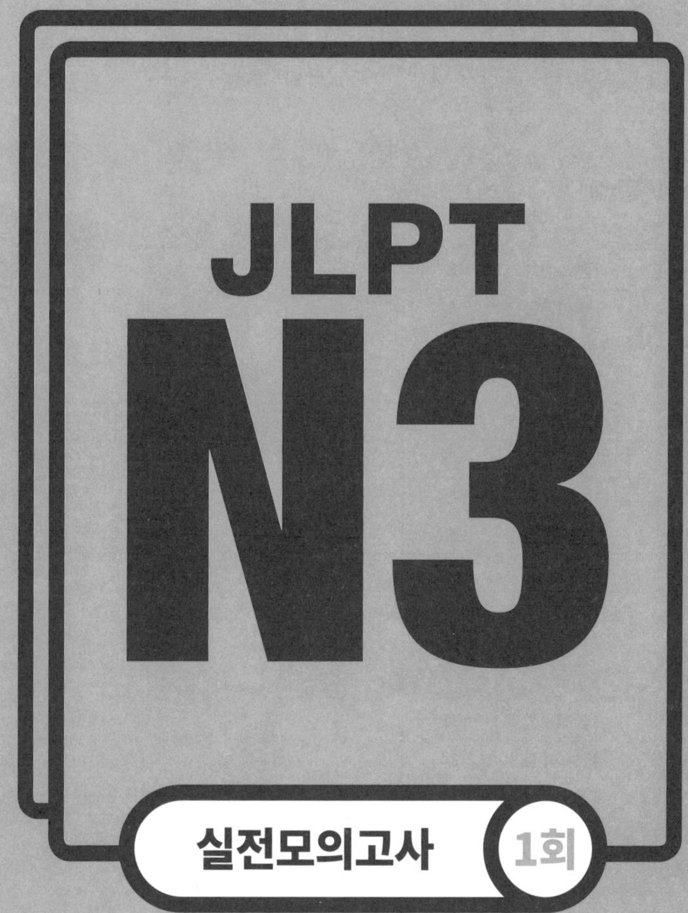
JLPT
N3
실전모의고사
1회

실전모의고사 채점표

자신의 실력이 어느 정도인지 확인할 수 있도록 임의적으로 만든 채점표입니다.
실제 시험은 상대 평가 방식이므로 오차가 발생할 수 있습니다.

언어지식 (문자·어휘·문법)

	1회	배점	만점	정답 문항 수	점수
문자・어휘	문제 1	1점×8문항	8		
	문제 2	1점×6문항	6		
	문제 3	1점×11문항	11		
	문제 4	1점×5문항	5		
	문제 5	1점×5문항	5		
문법	문제 1	1점×13문항	13		
	문제 2	1점×5문항	5		
	문제 3	1점×5문항	5		
합계			58점		

***점수 계산법** : 언어지식(문자·어휘·문법) [ ]점÷58×60 = [ ]점

독해

	1회	배점	만점	정답 문항 수	점수
독해	문제 4	3점×4문항	12		
	문제 5	4점×6문항	24		
	문제 6	4점×4문항	16		
	문제 7	4점×2문항	8		
합계			60점		

청해

	1회	배점	만점	정답 문항 수	점수
청해	문제 1	2점×6문항	12		
	문제 2	2점×6문항	12		
	문제 3	3점×3문항	9		
	문제 4	2점×4문항	8		
	문제 5	2점×9문항	18		
합계			59점		

***점수 계산법** : 청해 [ ]점÷59×60 = [ ]점

N3

げんごちしき（もじ・ごい）

（30ぷん）

ちゅうい
Notes

1. しけんが　はじまるまで、この　もんだいようしを　あけないで　ください。
   Do not open this question booklet until the test begins.

2. この　もんだいようしを　もって　かえる　ことは　できません。
   Do not take this question booklet with you after the test.

3. じゅけんばんごうと　なまえを　したの　らんに、じゅけんひょうと　おなじように　かいて　ください。
   Write your examinee registration number and name clearly in each box below as written on your test voucher.

4. この　もんだいようしは、ぜんぶで　7ページ　あります。
   This question booklet has 7 pages.

5. もんだいには　かいとうばんごうの 1 、 2 、 3 …が　ついて　います。かいとうは、かいとうようしに　ある　おなじ　ばんごうの　ところに　マークして　ください。
   One of the row numbers 1, 2, 3 … is given for each question. Mark your answer in the same row of the answer sheet.

じゅけんばんごう　Examinee Registration Number	

なまえ　Name	

問題１　＿＿＿＿＿のことばの読み方として最もよいものを、1・2・3・4から一つえらびなさい。

1　いつか京都（きょうと）をゆっくり観光したい。

1　かんこ　　2　かんこう　　3　がんこう　　4　がんごう

2　アメリカ旅行のおみやげで購入したハンカチをなくしてしまった。

1　こうにゅう　　2　ばいにゅう　　3　みにゅう　　4　こにゅう

3　最近少しでもお金を貯めようとしています。

1　ため　　2　つとめ　　3　とめ　　4　やめ

4　本の表紙をどれにするか悩んでいます。

1　ぴょうし　　2　びょうじ　　3　ひょうし　　4　ひようじ

5　新入社員の松本（まつもと）さんはとても優しい人です。

1　さびしい　　2　はげしい　　3　したしい　　4　やさしい

6　この道路を使うと２時間ほどかかります。

1　どうろう　　2　どうろ　　3　どろ　　4　みちろ

7　銀行でドルを円に両替した。

1　しゃっきん　　2　かいけい　　3　りょうかえ　　4　りょうがえ

8　古くなった本をネットで売りました。

1　うりました　　2　おりました　　3　わりました　　4　きりました

問題2　＿＿＿＿＿のことばを漢字で書くとき、最もよいものを、1・2・3・4から一つえらびなさい。

9　彼は工事げんばで朝から夜遅くまで働いています。

1　原場　　2　験場　　3　元場　　4　現場

10　本人をしょうめいするものを持ってきてください。

1　説明　　2　訪明　　3　設明　　4　証明

11　大事な荷物は店員にあずけてください。

1　預けて　　2　届けて　　3　貯けて　　4　授けて

12　彼は午後２時に子どもを迎えにいくのがにっかです。

1　日貨　　2　日華　　3　日課　　4　日刊

13　黒いスーツに白いよごれがつきました。

1　流れ　　2　汚れ　　3　濁れ　　4　染れ

14　今週末にうちのにわで、会社の仲間たちと、バーベキューをする予定です。

1　庭　　2　床　　3　底　　4　席

問題３　（　　　　　）に入れるのに最もよいものを、１・２・３・４から一つえらびなさい。

15　ゼミ旅行の準備で疲れたので、少し（　　　　　）になって休んだ。

1　うしろ　　2　座り　　3　寝　　4　横

16　食べ終わった料理のお皿を店員に（　　　　　）もらいました。

1　とめて　　2　もって　　3　さげて　　4　おいて

17　部屋の掃除をしていたら、高校時代の（　　　　　）アルバムが出てきた。

1　おかしい　　2　きびしい　　3　しつこい　　4　ふるい

18　今朝、鏡(かがみ)に（　　　　　）自分の姿を見て驚きました。

1　あらわした　　2　しめした　　3　さした　　4　うつった

19　林(はやし)さんは壁(かべ)に（　　　　　）あるポスターを見ている人です。

1　とって　　2　かいて　　3　はって　　4　よんで

20　この商店がいのお店はすべて２４時間（　　　　　）しています。

1　営業　　2　開業　　3　開店　　4　卒業

21　買ったばかりのパソコンの（　　　　　）が悪かったので、修理に出しました。

1　都合　　2　事情　　3　調子　　4　気分

22　運動しやすいように、長く伸ばしていた髪を（　　　　　）した。

1　細く　　2　短く　　3　厚く　　4　太く

23 熱(ねつ)が出たら（　　　　　）病院に行ったほうがいいと思います。

1　とつぜん　　2　まもなく　　3　どんどん　　4　早めに

24 明日までに、木村(きむら)先生の（　　　　　）を大学の研究室に出さなければなりません。

1　スクリーン　　2　カーテン　　3　ガソリン　　4　レポート

25 あまり学校に来ない松本(まつもと)さんが（　　　　　）学校に顔を見せました。

1　めずらしく　　2　きびしく　　3　したしく　　4　あたらしく

問題4 ＿＿＿＿＿に意味が最も近いものを、1・2・3・4から一つえらびなさい。

26 湖（みずうみ）のうえに星がかがやいています。

1 ひかって　2 ゆれて　3 よごれて　4 とまって

27 先週山下（やました）さんはきょだいな魚をつりました。

1 狭い　2 やさしい　3 大きい　4 小さい

28 図書館では飲食を禁止しています。

1 食べたり飲んだりしてはいけません

2 食べたり飲んだりしてもいいです

3 食べたり飲んだりしてください

4 飲み物と食べ物を食べなければなりません

29 木村（きむら）さんも今度のゼミ旅行にもちろん行きますよね。

1 一番　2 当然　3 少し　4 前より

30 先週、新しくできたレストランに行ってみました。

1 キャンセルした　2 カットした

3 チェンジした　4 オープンした

問題5　つぎのことばの使い方として最もよいものを、1・2・3・4から一つえらびなさい。

31　好物

1　このホテルは部屋からの花見好物ができます。

2　冷蔵庫（れいぞうこ）の中にはイチゴやリンゴなどわたしの好物ばかりでした。

3　このサイトは400種類以上のあらゆる好物を紹介しています。

4　人に好物が持てなくて、どうすればいいか悩んでいる方がいます。

32　管理

1　海の景色は精神的にいいのでよく管理したほうがいいです。

2　入場の時、パスポートを管理すると入場料が無料になります。

3　このセンターでは動物の管理も行われています。

4　週末は両親が出張に出かけるので、妹の管理をします。

33　観察

1　このサイトでは川越（かわごし）市の観察スポットガイドやコンベンション情報などをのせています。

2　博物館（はくぶつかん）の観察ツアーは、事前のご予約が必要となります。

3　花火を観察するために集まった人たちが1,000人も超えるそうです。

4　自然も注意深く観察していると、おもしろい発見があるものです。

34　ひきとめる

1　携帯電話が古くなったので新しくひきとめました。

2　仕事を辞めたいという人をひきとめても意味がない。

3　次のページには記念品のひきとめ方がのっています。

4　吉村（よしむら）さんは頼まれた仕事を簡単にひきとめてくれました。

35　締め切り

1　今回の英語面接に申し込む人は、明日が締め切りなので忘れないようにしてください。

2　あの電車は３番目の駅が締め切りなので、そこから先に行くにはバスしかありません。

3　マラソン大会に参加した人たちは、20キロメートル先の締め切りに向かって走り出しました。

4　この漫画は毎月見ていたが、今月で締め切りなので寂しい。

N3

言語知識（文法）・読解

（70分）

注　意
Notes

1. 試験が始まるまで、この問題用紙を開けないでください。
   Do not open this question booklet until the test begins.

2. この問題用紙を持って帰ることはできません。
   Do not take this question booklet with you after the test.

3. 受験番号と名前を下の欄に、受験票と同じように書いてください。
   Write your examinee registration number and name clearly in each box below as written on your test voucher.

4. この問題用紙は、全部で１８ページあります。
   This question booklet has 18 pages.

5. 問題には解答番号の [1]、[2]、[3] …が付いています。解答は、解答用紙にある同じ番号のところにマークしてください。
   One of the row numbers [1], [2], [3] … is given for each question. Mark your answer in the same row of the answer sheet.

受験番号　Examinee Registration Number	

名 前　Name	

問題１　つぎの文の（　　　　）に入れるのに最もよいものを、1・2・3・4から一つえらびなさい。

1　当銀行の営業（えいぎょう）時間は午後３時までなので、それ以降の入金（　　　　）、ATMをご利用ください。

1　でも　　2　では　　3　にも　　4　には

2　うちの子は友達の子に（　　　　）言葉が出てくるのが遅い気がします。

1　ついて　　2　くらべて　　3　したがって　　4　において

3　（　　　　）休む日だったのに、何もしないまま時間だけが過ぎてしまった。

1　せっかく　　2　いまにも　　3　なかなか　　4　まるで

4　ＪＲ山手（やまのて）線は約５分（　　　　）電車が来る。

1　ぶりに　　2　めに　　3　ままに　　4　おきに

5　すみません。西川（にしかわ）駅に行きたいんですが、（　　　　）行ったらいいですか。

1　どうやって　　2　どのぐらい　　3　どうか　　4　どうしても

6　必要だと思ったら、いろいろなことを（　　　　）、すぐ買えばいい。

1　考えすぎて　　2　考えずに　　3　考えれば　　4　考えるかどうか

7　（箱根（はこね）旅館で）

いつも箱根（はこね）旅館をご利用いただきありがとうございます。箱根（はこね）旅館ではお客さまのために、ピンポンなどができるスポーツ会場をご用意（　　　　）。

1　おりました　　2　ございました

3　いたしました　　4　いらっしゃいました

8 （会社で）

社長「渡辺(わたなべ)くん、今から桜(さくら)デパートに行ってくる。」

渡辺(わたなべ)「社長、何時に（　　　　　）。」

1　お戻りしていらっしゃいますか　　2　お戻りになりますか

3　戻れますか　　4　お戻りにしますか

9 遠くからもよく（　　　　　）、字を大きく書いてください。

1　見えるように　　2　見えるために　　3　見ただけに　　4　見たばかりに

10 昨日、ずっと好きだった学校の先輩に偶然(ぐうぜん)会ったのに、（　　　　　）声が出なかった。

1　緊張(きんちょう)になりやすくなって　　2　緊張(きんちょう)しやすくなって

3　緊張(きんちょう)になりすぎて　　4　緊張(きんちょう)しすぎて

11 英語大会で優勝(ゆうしょう)をした山下(やました)さんに英語が話せる（　　　　　）どんな勉強をしたか聞きました。

1　ことができるまで　　2　ことになってから

3　ようになるまで　　4　ようにしてから

12 大学の４年を後悔(こうかい)しないために（　　　　　）ことがあります。

1　やりすぎたほうがいい　　2　やっておかないといけない

3　やりすぎないといけない　　4　やってあげたほうがいい

13 田中(たなか)「山本(やまもと)さん、いつもポケットにメモ帳(ちょう)を入れているんですか。」

山本(やまもと)「はい、思い付いたアイデアを（　　　　　）必ず持ち歩くようにしているんです。」

1　忘れてくれるように　　2　忘れてしまわなさそうに

3　忘れてしまわないように　　4　忘れてくれそうに

問題 2　つぎの文の ＿★＿ に入れる最もよいものを、1・2・3・4から一つえらびなさい。

（問題例）

つくえの ＿＿＿ ＿＿＿ ＿★＿ ＿＿＿ あります。

1 が　　2 に　　3 上　　4 ペン

（解答のしかた）

1. 正しい答えはこうなります。

つくえの ＿＿＿ ＿＿＿ ＿★＿ ＿＿＿ あります。
3 上　2 に　4 ペン　1 が

2. ＿★＿ に入る番号（ばんごう）を解答（かいとう）用紙にマークします。

（解答用紙）

(例(れい))	① ② ③ ●

14　すずきさんは今日でかける ＿＿＿ ＿＿＿、＿★＿ ＿＿＿ です。

1　いましたから　　2　留守の　　3　といって　　4　はず

15　電車が時間どおりに走れるのは、＿＿＿ ＿＿＿、＿★＿ ＿＿＿ のだ。

1　厳しいトレーニング　　2　の

3　おかげな　　4　運転士の

16 できることはすべて ＿＿＿、＿＿＿ ＿★＿ ＿＿＿ しかたがない。

1 期待された結果が　　2 みんなに

3 でなくても　　4 やったのだから

17 この町は昔は ＿＿＿ ＿＿＿、＿★＿ ＿＿＿ なりました。

1 そうですが　2 さびしく　3 今は　4 にぎやかだった

18 山下（やました）「さっき木村（きむら）さんから、風邪をひいて明日のゼミ旅行に行けないと連絡が来ましたよ。」

本田（ほんだ）「えっ、木村（きむら）さん、＿＿＿ ＿＿＿ ＿★＿ ＿＿＿、残念だね。」

1 あんなに　2 楽しみに　3 のに　4 していた

問題3　つぎの文章を読んで、文章全体の内容を考えて、 19 から 23 の中に入る最もよいものを、1・2・3・4から一つえらびなさい。

わたしの好きな喫茶店

駅の近くにわたしの好きな喫茶店があります。駅の隣のビルの一階にある、小さくて静かな店です。 19 は手作りのパンとコーヒーがおいしくて有名です。平日は大勢のお客さんでこんでいるので、わたしは休みの日の朝によく行きます。その店はフランスの人が経営している店で、店長も店員もみんなフランス人です。その喫茶店で出されるパンは、毎日直接お店で作られているのです。作っているのはフランス人のハルさんという人です。彼は日本に来る前にフランスのパン屋で働いていましたが、日本に興味があって、３年前に 20 。日本にフランスのパンのおいしさを広めるためにがんばっています。ハルさんは日本語があまり上手ではありませんが、よく日本語で話します。とてもおもしろい人です。

21 、お店にはいつもフランスの音楽が流れているので、この喫茶店に来ると、フランスに来たような 22 。このお店でコーヒーを飲みながら、ハルさんの作ったパンを食べている時間がわたしはとても好きです。この間は母と一緒に来ましたが、母もこの店がとても気に入ったようです。２人で、いつか 23 、と話しました。

19

1 ここ　　2 あれ　　3 そこ　　4 ああ

20

1 日本に来たそうです　　2 日本に来るはずです

3 日本に来るようです　　4 日本に来たことがあります

21

1 だから　　2 そして　　3 つまり　　4 すなわち

22

1 気がするそうです　　2 気がしたようです

3 気にしました　　4 気になります

23

1 フランスに行くことにする　　2 フランスに行っただろう

3 フランスに行きたいね　　4 フランに行くそうだ

問題4　つぎの(1)から(4)の文章を読んで、質問に答えなさい。答えは、1・2・3・4から最もよいものを一つえらびなさい。

（1）

これは、山田先生のゼミの学生に届いたメールである。

> 件名：ゼミの資料の件
>
> 今まで、ゼミで使う資料を探すのに苦労しましたので、中央図書館の団体貸し出しサービスを利用することにしました。希望する本のタイトルを記入して申し込みをすると、学校までまとめて届けてくれるそうです。申し込みは図書館ホームページ、または電話でできます。また、申し込みは受け取りの10日前までにしなければならないそうです。次回からは直接申し込みをしてもらいますが、今回はわたしがしますので、必要な本がある人は5月末までにメールをください。
>
> 山田

24　ゼミの学生がしなくてはいけないことは何か。

1　5月1日までに直接申し込みをする。

2　5月1日までに先生にメールする。

3　5月31日までに直接申し込みをする。

4　5月31日までに先生にメールをする。

（2）

これは、まゆみさんが友人のパクさんに送ったメールである。

パクさんへ

メールありがとう。わたしがアメリカに留学してから、もう半年が経ちました。

英語は自分でも少し成長したと感じます。それから、滞在（たいざい）先の家族もとても親切ですし、心配していたほど、食事も口に合わないわけではありません。

でも、ひとつ困っていることがあります。留学生の友達はいますが、アメリカの人に出会う機会（きかい）がないのです。もう少しこの国の文化を直接感じたいのですが。

パクさんだったら、どうしますか。アドバイスをもらえると嬉しいです。

またメールしますね。

まゆみ

25 まゆみさんが困っていることは何か。

1 英語が上手にならないこと

2 食事が口に合わないこと

3 アメリカ人の友達がいないこと

4 文化が違うこと

（3）

先日、娘と一緒に自然観察に出かけた。いつもは自然に興味のない娘だが、夏休みらしいことをさせなければいけないと思い、わたしが誘った。新しい植物を見つけて喜ぶ娘を見て、来てよかったとほっとした。娘がもみじの木を見つけて、「この葉っぱだけ、もう赤いよ。まだ夏なのにおかしいね。」と言った。娘は家に帰って、もみじが赤くなる条件を辞典で調べていた。小さいことだが、娘が自然に目を向けて疑問を持ってくれたことはうれしかった。

26 娘の疑問とはどのようなことか。

1 どうして夏休みには自然観察をするのか

2 もみじの葉なのにどうして赤くないのか

3 どうしてまだ夏なのに赤い葉があるのか

4 どのような条件で葉が赤くなるのか

（4）

日本に来て、不思議に思ったことがあります。ある日、わたしが道を歩いていると、自動販売機を見つけました。珍しかったので、ジュースを一本買いました。それを飲みながら歩いていると、まだ飲み終わらないうちに、また自動販売機がありました。だれがこんなに飲むのだろう、日本人はそれほどお茶やジュースが大好きなのだろうかと思いました。どこへ行ってもそうなので、いつも不思議に思っています。

27　「わたし」が日本に来て不思議に思ったことは何か。

1　日本人がお茶やジュースばかり飲んでいること

2　日本に自動販売機がとても多いこと

3　日本には珍しい飲み物がたくさんあること

4　日本に飲み物を売る店が少ないこと

問題５　つぎの（1）と（2）の文章を読んで、質問に答えなさい。答えは、１・２・３・４から最もよいものを一つえらびなさい。

（1）

わたしは、はやし書店という本屋の店長をしています。わたしは子どもの頃から本が大好きで、おこづかいはほとんど本に使ってきました。これまで本にどれくらいお金を使ったか分かりません。かなりの額になると思います。だから、わたしはいつも、本を読んでお金がもらえる仕事があったらいいなあと思っていました。そこで今回、そんなわたしの「夢の仕事」を実現しようと、「読み人」を大募集することにしました。

「読み人」とはどんな仕事なのでしょうか。やっていただくのは、まず「読書」です。１冊でも100冊でもかまいません。それから、読んだ本を紹介する文章を書いてもらいます。その記事が優れていた場合、メディアにのせます。そのお礼として、読んだ本と同じ金額をお支払いする、というシステムです。つまり、本の代金がただになるということです。

今回の応募は大学生限定です。本好きな学生にとっても、メリットがあると思いますし、わたしたち店側にとってもいろいろなメリットがあります。ぜひ、この機会にどんどん応募してください。

28 どんな人を募集しているか。

1 メディアに出て、本を紹介する人

2 子どもたちに本を読んであげる人

3 読んだ本の内容を記事にする人

4 優れた記事を探して、メディアにのせる人

29 もらう金額はどのように決まるか。

1 よい記事を書けば多くもらえる。

2 多くの本を読めば多くもらえる。

3 １回にもらえる金額が決まっている。

4 読んだ本の値段と同じ額をもらえる。

30 メリットがあるとあるが、学生のメリットは何か。

1 本を買う代金を節約できる。

2 好きな時間に読書ができる。

3 いろいろなジャンルの本が読める。

4 本の売り上げを増やすことができる。

（2）

みなさんはペットが好きですか。最近は一人暮らしをする人が増え、家族の人数も少なくなってきているためか、ペットを家族の一員のように考えて、かわいがる人が増えているそうです。一軒家であれば特に問題はありませんが、一軒家だけでなくマンションやアパートなどの集合住宅で犬や猫などのペットを飼いたいという人も多いと思います。

しかし、集合住宅でペットを飼うことについては反対の声も多く聞かれますし、ペットをめぐるトラブルもたびたび発生しているようです。集合住宅でペットを飼う場合、鳴き声やにおいなどに十分気をつけなければなりませんし、ペットが苦手な人や、恐怖心を持っている人がいるということを常に忘れてはいけません。自分にとっては子どものように大切なペットでも、他人にとっては必ずしもそうではないのです。そんな中、ペットが好きな人だけが集まるマンションが近年多く誕生しています。ペット共生型マンション、と呼ばれるマンションです。これは、ペットを飼ってもいいマンション、ではなく、すでにペットを飼っている人、またはこれから飼う予定のある人しか入居できないマンションなのです。これらのマンションでは、初めから犬や猫などのペットを買うことを前提に設備が作られていることと、ペットを飼う人だけが住んでいるということで、ほかの集合住宅と比べると、ペットに対する理解があり、ほかの住民とトラブルになることが非常に少ないそうです。

逆にペット禁止のマンションもありますから、ペットが好きな人、きらいな人は自分に合った住居を探すのもいい方法ではないでしょうか。

31 そうの指すものは何か。

1 ペット

2 子ども

3 自分

4 大切

32 ペット共生型マンションについて正しいものは何か。

1 ペットを飼うことのできるマンション

2 ペットと一緒に暮らすためのマンション

3 ペットをいつでも預けられるマンション

4 多くのペットが共同で暮らすマンション

33 この文章を書いた人の意見と合っているものは何か。

1 ペットが嫌いな人は集合住宅に住むべきではない。

2 集合住宅では、ペットを飼う人に配慮しなければならない。

3 ペットは子どものように大切に育てなければならない。

4 トラブルを避けるために自分に合った住居を探すのがよい。

問題6　つぎの文章を読んで、質問に答えなさい。答えは、1・2・3・4から一つ最もよいものをえらびなさい。

真夏のドイツでバスに乗ったことがあります。バスの中にエアコンはなく、ちょっと座っているだけでシャツがびしょびしょになるほどでした。ドイツ人の友人が「ぼくたちはエアコンなしの生活のほうがより優れた生活だと思っているんだよ。」と言いました。同じ時期にアメリカに行ったこともありますが、地下鉄の中が寒くて震えるほどでした。

アメリカ人が快適だと感じる温度は約21度だそうです。これはヨーロッパ人にとってはとても寒く感じる温度です。アメリカ人は1年を通して気温が同じであることを好みますが、ヨーロッパ人は夏はある程度暑く、冬はある程度寒い気温を好むようです。これは、寒い季節、暑い季節にもうまく合わせて生活してきた日本の文化とも似ています。

アメリカでは人がいない部屋でも24時間ずっとエアコンをつけています。旅行で家を空けるときにもスイッチを切らないそうです。そのせいで、他の国よりも多くのエネルギーをエアコンによって使用しています。反対に、ヨーロッパ人は子どもの頃からエアコンなしの生活に慣れているので、暑さに強く、また、エネルギー節約のためなら数日の暑さは我慢しよう、と考えます。

エアコンの使用はもちろん、悪いことばかりではなく、利点もあります。お年寄りや子どもなどは、真夏には暑さで病気が引き起こされることもありますし、暑い部屋で仕事をするよりも、エアコンの効いた部屋のほうが効率も上がります。また、夜にぐっすり眠ることができるので、最終的には長生きにもつながることがいろいろな研究で分かっています。それらを考えたうえで、わたしたちはどのようにエアコンを使用していくべきか、考えていかなければなりません。

34 日本の文化とも似ていますとあるが、何が似ているのか。

1 21度が寒いと感じること

2 自然に近い温度を好むこと

3 暑さや寒さに弱いこと

4 四季がはっきりしていること

35 エアコンの使用について、本文の内容に合っているものはどれか。

1 ヨーロッパ人はお金の節約(せつやく)のためにエアコンを使わない。

2 ヨーロッパ人はエアコン施設(しせつ)の整(ととの)ったアメリカをうらやましく思っている。

3 アメリカ人は夏の間、エアコンをつけっぱなしにすることが多い。

4 アメリカ人は寒さに強いので、夏でも寒いのを好む。

36 エアコンを使う利点として、述べられていないものはどれか。

1 仕事の効率が上がる。

2 よく眠れる。

3 暑さが原因の病気を防ぐ。

4 ストレスが減り、長生きできる。

37 この文章のタイトルとして一番ふさわしいものは何か。

1 ヨーロッパとアメリカのエアコン事情

2 地球温暖化(ちきゅうおんだんか)を防止(ぼうし)するには

3 エアコンと健康についての研究結果

4 ヨーロッパとアメリカのエアコン機能についての比較

問題7　右のページは、「いなかの生活体験」の案内である。これを読んで、下の質問に答えなさい。答えは、1・2・3・4から最もよいものを一つえらびなさい。

38　原田さんは４月に１泊でいなかの生活を体験したいと思っています。友人と３人で、できるだけ安い住宅に泊まると、いくらかかるか。

1　1,800円

2　2,500円

3　4,000円

4　2,200円

39　吉田さんは８月２日から１泊でA棟に申し込んだ。一緒に泊まる友達にその内容を伝えるメモの内容で正しいものはどれか。

1　いなか生活体験に申し込みました。農業体験や乗馬体験もできるそうです。楽しみですね。宿泊費は２人で1,800円です。

2　いなか生活体験に申し込みました。車がないので、駅に一番近いところに決めました。農業体験も含めて、かかる費用は１人1,300円ずつです。

3　いなか生活体験に申し込みました。町から遠く、自然に囲まれたところを選びました。昼食代だけで農業体験もできます。宿泊費は１人800円です。

4　いなか生活体験に申し込みました。農業体験は500円だそうです。宿泊費は１泊2,000円なので、１人1,000円ずつです。

いなかの生活体験

かつらぎ町では、５日から２ヵ月間程度、いなか暮らしを体験できる住宅をお貸しします。自然体験をしたり、散歩したり、観光をしたり、一日中ぼーっとしたりなど、使い方は自由です。

体験住宅の料金

• A棟

特徴：近くに病院やレストランがあります。
駅まで徒歩10分です。
農業体験もできます。（昼食代500円が必要です）

夏季	1泊2日（2人まで）	1,600円
冬季	1泊2日（2人まで）	2,000円

• B棟

特徴：山と川に囲まれています。
農業体験ができます。（無料弁当をこちらで用意します）
バス停が近くにあり、バスで駅まで30分ぐらいです。

夏季	1泊2日（2人まで）	1,800円
冬季	1泊2日（2人まで）	2,300円

• C棟

特徴：乗馬体験ができます。（昼食代＋体験代：１人2000円）
駅が近くにないので、車でお越しください。

夏季	1泊2日（2人まで）	900円

※ 上記料金は１部屋２人までの料金です。（１人増えるごとに１泊200円加算します）
※ 夏季は５月から10月まで、冬季は11月から４月までの期間になります。
※ C棟については、５月から10月までが利用期間となります。

N3

聴解（ちょうかい）

（40分）

注　意
Notes

1. 試験が始まるまで、この問題用紙を開けないでください。
Do not open this question booklet until the test begins.

2. この問題用紙を持って帰ることはできません。
Do not take this question booklet with you after the test.

3. 受験番号（じゅけんばんごう）と名前を下の欄（らん）に、受験票（じゅけんひょう）と同じように書（か）いてください。
Write your examinee registration number and name clearly in each box below as written on your test voucher.

4. この問題用紙は、全部（ぜんぶ）で１３ページあります。
This question booklet has 13 pages.

5. この問題用紙にメモをとってもいいです。
You may make notes in this question booklet.

受験番号（じゅけんばんごう） Examinee Registration Number	

名 前 Name	

問題1

問題1では、まず質問を聞いてください。それから話を聞いて、問題用紙の1から4の中から、最もよいものを一つえらんでください。

れい

1　8時45分

2　9時

3　9時15分

4　9時30分

1 ばん

1 800円

2 900円

3 1,000円

4 1,050円

2 ばん

1 新宿駅の２番出口

2 新宿駅の３番出口

3 まるやの前

4 郵便局の前

3ばん

1 資料を曜日ごとに分ける

2 資料を古い順番に整理する

3 資料の名前を書く

4 ファイルをしまう

4ばん

1 辞書

2 乗り物の本

3 歴史の本

4 科学の本

5 ばん

1 週に３回　５時から８時

2 週に４回　５時から８時

3 週に３回　５時から９時

4 週に４回　５時から９時

6 ばん

1

中田　様

午前・午後 11時 05分

さくら出版　様から電話がありました。

☐ お電話ください

☑ また電話します

☐ 伝言があります

2

中田　様

午前・**午後** 01時 00分

第三銀行　様から電話がありました。

☑ お電話ください

☐ また電話します

☐ 伝言があります

3

中田　様

午前・午後 11時 15分

さくら出版　様から電話がありました。

☑ お電話ください

☐ また電話します

☐ 伝言があります

4

中田　様

午前・**午後** 12時 20分

ＡＢＣ商事　様から電話がありました。

☐ お電話ください

☑ また電話します

☐ 伝言があります

問題 2

問題 2 では、まず質問を聞いてください。そのあと、問題用紙を見てください。読む時間があります。それから話を聞いて、問題用紙の 1 から 4 の中から、最もよいものを一つえらんでください。

れい

1 いそがしくて時間がないから

2 料理がにがてだから

3 ざいりょうがあまってしまうから

4 いっしょに食べる人がいないから

1ばん

1 サッカー

2 水泳(すいえい)

3 テニス

4 ダンス

2ばん

1 目(め)は父親(ちちおや)、鼻(はな)は母親(ははおや)

2 目(め)は母親(ははおや)、鼻(はな)は父親(ちちおや)

3 目(め)も鼻(はな)も父親(ちちおや)

4 目(め)も鼻(はな)も母親(ははおや)

3 ばん

1 父親が早く帰ってくること

2 祖母がやさしくしてくれること

3 母が家にいること

4 母がご飯を作ってくれること

4 ばん

1 食費

2 電気代

3 洋服代

4 水道代

5 ばん

1 お礼の電話をしていないから

2 書類を作るのが遅いから

3 遅刻が多いから

4 電話ではなくて、メールをしたから

6 ばん

1 1日2回　3つずつ

2 1日3回　1つずつ

3 1日2回　1つずつ

4 1日3回　3つずつ

問題 3

問題 3 では、問題用紙に何もいんさつされていません。この問題は、ぜんたいとしてどんなないようかを聞く問題です。話の前に質問はありません。まず話を聞いてください。それから、質問とせんたくしを聞いて、1 から 4 の中から、最もよいものを一つえらんでください。

－ メモ －

問題(もんだい) 4

問題(もんだい)4では、えを見(み)ながら質問(しつもん)を聞(き)いてください。やじるし(➡)の人(ひと)は何(なん)と言(い)いますか。1から3の中(なか)から、最(もっと)もよいものを一(ひと)つえらんでください。

れい

1ばん

2ばん

3ばん

4ばん

問題 5

問題 5 では、問題用紙に何もいんさつされていません。まず文を聞いてください。それから、そのへんじを聞いて、1 から 3 の中から、最もよいものを一つえらんでください。

－メモ－

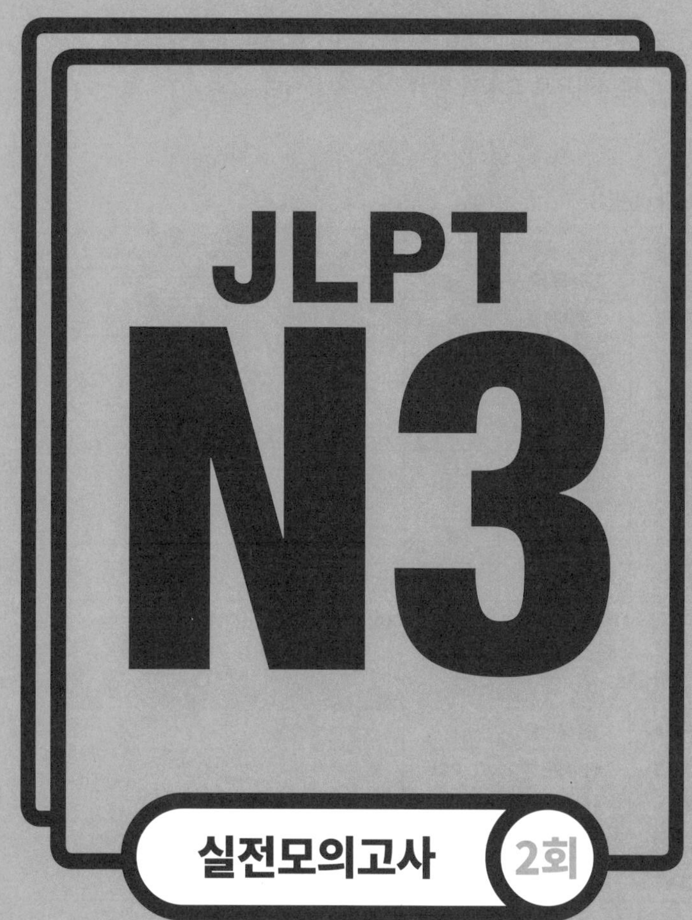
JLPT
N3
실전모의고사
2회

실전모의고사 채점표

자신의 실력이 어느 정도인지 확인할 수 있도록 임의적으로 만든 채점표입니다.
실제 시험은 상대 평가 방식이므로 오차가 발생할 수 있습니다.

언어지식 (문자·어휘·문법)

	2회	배점	만점	정답 문항 수	점수
문자・어휘	문제 1	1점×8문항	8		
	문제 2	1점×6문항	6		
	문제 3	1점×11문항	11		
	문제 4	1점×5문항	5		
	문제 5	1점×5문항	5		
문법	문제 1	1점×13문항	13		
	문제 2	1점×5문항	5		
	문제 3	1점×5문항	5		
합계			58점		

*점수 계산법 : 언어지식(문자·어휘·문법) [ ]점÷58×60 = [ ]점

독해

	2회	배점	만점	정답 문항 수	점수
독해	문제 4	3점×4문항	12		
	문제 5	4점×6문항	24		
	문제 6	4점×4문항	16		
	문제 7	4점×2문항	8		
합계			60점		

청해

	2회	배점	만점	정답 문항 수	점수
청해	문제 1	2점×6문항	12		
	문제 2	2점×6문항	12		
	문제 3	3점×3문항	9		
	문제 4	2점×4문항	8		
	문제 5	2점×9문항	18		
합계			59점		

*점수 계산법 : 청해 [ ]점÷59×60 = [ ]점

N3
げんごちしき（もじ・ごい）
（30ぷん）

ちゅうい
Notes

1. しけんが　はじまるまで、この　もんだいようしを　あけないで　ください。
   Do not open this question booklet until the test begins.

2. この　もんだいようしを　もって　かえる　ことは　できません。
   Do not take this question booklet with you after the test.

3. じゅけんばんごうと　なまえを　したの　らんに、じゅけんひょうと　おなじように　かいて　ください。
   Write your examinee registration number and name clearly in each box below as written on your test voucher.

4. この　もんだいようしは、ぜんぶで　7ページ　あります。
   This question booklet has 7 pages.

5. もんだいには　かいとうばんごうの　1、2、3 …が　ついて　います。かいとうは、かいとうようしに　ある　おなじ　ばんごうの　ところに　マークして　ください。
   One of the row numbers 1, 2, 3 … is given for each question. Mark your answer in the same row of the answer sheet.

じゅけんばんごう　Examinee Registration Number	

なまえ　Name	

問題1　＿＿＿＿＿のことばの読み方として最もよいものを、1・2・3・4から一つえらびなさい。

1　今から木村（きむら）先生の講演を始めます。

1　こうぎ　2　こうし　3　こえん　4　こうえん

2　新しい家の隣に有名な人が住んでいます。

1　むかい　2　となり　3　よこ　4　うしろ

3　息子は山に囲まれた小さい村で生まれました。

1　つまれた　2　さまれた　3　かこまれた　4　つかまれた

4　衣類はあそこの赤い箱の中に入れてください。

1　いるい　2　いぬい　3　うるい　4　うぬい

5　春になって白い色の花が咲きました。

1　におい　2　いろ　3　あじ　4　かたち

6　この木材は家を建てるのに使います。

1　きざい　2　げんざい　3　もくざい　4　すいざい

7　新しくできたスーパーは家から遠いので不便です。

1　とおい　2　おそい　3　ちかい　4　ふかい

8　すぐ緊張するタイプなので、スピーチの前にはどきどきしています。

1　かくちょう　2　きんちょう　3　ぎんちょう　4　しゅちょ

問題2　＿＿＿＿のことばを漢字で書くとき、最もよいものを、1・2・3・4から一つえらびなさい。

9　新しいパソコンは使い方がふくざつでうまく使えない人が多い。

1　副雑　　2　福雑　　3　復雑　　4　複雑

10　今日はいそがしくて、夜遅くまで何も食べていません。

1　忘しくて　　2　亡しくて　　3　忙しくて　　4　乏しくて

11　この町のめんせきは思ったより広くなかった。

1　面接　　2　面積　　3　面買　　4　面責

12　クラスみんながおうえんしてくれてとてもうれしいです。

1　支援　　2　皮援　　3　応援　　4　広援

13　このデザインはあたたかい感じを出しています。

1　厚かい　　2　涼かい　　3　暑かい　　4　暖かい

14　もっていた時計がこわれたのですてました。

1　捨てました　　2　拾てました　　3　投てました　　4　握てました

問題３　（　　　　　）に入れるのに最もよいものを、１・２・３・４から一つえらびなさい。

15　ゼミ旅行の宿泊を予約する仕事は本田(ほんだ)先輩が（　　　　　）くれました。

1　働いて　　2　引き受けて　　3　役立って　　4　受かって

16　友人から結婚式の（　　　　　）の手紙が届きました。

1　招待　　2　証明　　3　期待　　4　提案

17　学校前の花屋の店員はいつも（　　　　　）していて、見ているとわたしも気分がよくなります。

1　どきどき　　2　いらいら　　3　のろのろ　　4　にこにこ

18　会社と自宅に新聞が毎朝（　　　　　）されています。

1　配送　　2　配達　　3　直送　　4　発達

19　お昼は洋食にするか和食にするかまだ（　　　　　）います。

1　まよって　　2　まちがって　　3　かって　　4　いって

20　このめがねはパソコンから出ている青い光から目を（　　　　　）くれるそうです。

1　とじて　　2　あけて　　3　そらして　　4　まもって

21　うちの犬は家ではうるさいけど、外に出ると（　　　　　）なります。

1　こいしく　　2　したしく　　3　なつかしく　　4　おとなしく

22　ずっと同じ（　　　　　）で座っていたら肩と腰が痛くなりました。

1　様子　　2　姿勢　　3　印象　　4　間隔

23　短い時間で包んだのに、紙は箱の形に（　　　　　）合っています。

1　ぴったり　　2　のんびり　　3　ばったり　　4　すっかり

24　牛乳の（　　　　　）があるので、牛乳を使った料理はまったく食べません。

1　エネルギー　　2　アレルギー　　3　クリア　　4　キープ

25　ゴミは中が分かるように、（　　　　　）ふくろに入れて入り口に出してください。

1　とうめいな　　2　がんじょうな　　3　まっくろな　　4　まっかな

問題4　＿＿＿＿＿に意味が最も近いものを、1・2・3・4から一つえらびなさい。

26　今回の新商品は人気が多く、すぐ売り切れた。

1　全部売れた
2　全然売れなかった
3　だんだん売れるようになった
4　よく売れた

27　失敗してもやめないで何回もちょうせんしたら、やっとできるようになりました。

1　アクセス
2　チャレンジ
3　オープン
4　セット

28　前を走っていた車がいきなり止まってぶつかってしまいました。

1　うっかり
2　初めに
3　いつのまにか
4　突然

29　急に知らない人に声をかけられて、びっくりしました。

1　おぼえました
2　おこりました
3　おどろきました
4　おしえました

30　最近人口が減少してきて、だれもすんでいない空き家が増えています。

1　人が多くなって
2　人が少なくなって
3　家が多くなって
4　家が少なくなって

問題5　つぎのことばの使い方として最もよいものを、1・2・3・4から一つえらびなさい。

31　かざる

1　田中（たなか）さんの部屋は、いろいろな動物の写真がかざってありました。

2　自転車は傘をかざったままで運転するのは危ないです。

3　このベビーいすはテーブルにかざれるので便利です。

4　降りるときはこの赤いボタンをかざってお知らせください。

32　貯金（ちょきん）

1　今月のご利用貯金（ちょきん）や月々の請求書などをご確認いただけます。

2　最近貯金（ちょきん）を趣味にしている人が増えているそうです。

3　このサービスをご利用いただくには貯金（ちょきん）会員登録が必要です。

4　韓国は日本より貯金（ちょきん）が安いと言えるのだろうか。

33　ちりょう

1　山田（やまだ）先生は丁寧（ていねい）な人で時間をかけて病気をちりょうしてくれます。

2　こわれたうで時計はちりょうが必要かどうか調べてもらっています。

3　動けば動くほど、気持ちがちりょうできる方法を教えましょう。

4　今日からみんなに良い印象をあたえる話し方にちりょうしたいです。

34 ゆたかに

1 最初の計画どおりに家づくりはゆたかにすすんでいます。

2 田舎で暮らすとゆたかに目がよくなるそうです。

3 食事の後、ゆたかに山道を父と歩いてみました。

4 町をゆたかにするためにいろんな活動を行っています。

35 かくれる

1 新しいレインコートは大きすぎて手がかくれるくらいだ。

2 最近このへんはゴミが増えてゴミをかくれる場所がなくなりそうだ。

3 最近自然環境に興味を持っているので、研究のクラスにかくれました。

4 このパソコンにはファイルを簡単にかくれる機能がついています。

N3

言語知識（文法）・読解

（70分）

注　意
Notes

1. 試験が始まるまで、この問題用紙を開けないでください。
   Do not open this question booklet until the test begins.

2. この問題用紙を持って帰ることはできません。
   Do not take this question booklet with you after the test.

3. 受験番号と名前を下の欄に、受験票と同じように書いてください。
   Write your examinee registration number and name clearly in each box below as written on your test voucher.

4. この問題用紙は、全部で１８ページあります。
   This question booklet has 18 pages.

5. 問題には解答番号の 1 、 2 、 3 …が付いています。解答は、解答用紙にある同じ番号のところにマークしてください。
   One of the row numbers 1 , 2 , 3 … is given for each question. Mark your answer in the same row of the answer sheet.

受験番号　Examinee Registration Number	

名 前　Name	

問題1　つぎの文の（　　　　）に入れるのに最もよいものを、1・2・3・4から一つえらびなさい。

1　会社の近くに新しくできた喫茶店から、毎朝コーヒーのいいにおい（　　　　）しています。

1　を　　2　に　　3　が　　4　は

2　天気予報に（　　　　）、明日の朝は大雪になるそうです。それで、バスや電車が動かない場合は、学校は休みです。

1　よると　　2　くらべて　　3　聞くと　　4　とって

3　アルバイト「店長、熱があるので、今日は（　　　　）休みたいんですが…。」
店長「今日はわたしがいるので、いいよ。お大事に。」

1　できれば　　2　なるほど　　3　こんなに　　4　もし

4　A「きのうの交流会（こうりゅうかい）、何人ぐらい来たの？ 30人ぐらい来たの？」
B「えっ？（　　　　）は来（き）ていないよ。」

1　こんなに　　2　そんなに　　3　あのぐらい　　4　そのように

5　もう大学4年生なのに、卒業後、何が（　　　　）まだ決めていない。

1　してほしいか　　2　しているのか　　3　したいのか　　4　できたのか

6　明日はみんなで一緒に博物館に行くので、10時（　　　　）ここに集まってくださいね。

1　あいだに　　2　あとに　　3　うちに　　4　までに

7　どんなに一生懸命働いても、生活は楽に（　　　　）と思う。

1　なるだろう　　2　なるかもしれない
3　ならないだろう　　4　ならなければならない

8　（鈴木(すずき)先生の研究室で）

A「あのう、鈴木(すずき)先生に（　　　　　）んですが、いらっしゃいますか。」

B「はい。でも、鈴木(すずき)先生は今ほかの学生と話していらっしゃいます。」

1　いただきたい　　2　お会いになりたい

3　まいりたい　　4　お目にかかりたい

9　A「本田(ほんだ)さんのご主人は何を（　　　　　）いるんですか。

B「うちの夫は学生に日本語を教えています。」

1　もうしあげて　　2　おっしゃって　　3　いたして　　4　なさって

10　男性社員はスーツを脱いでもっとリラックスした格好(かっこう)で（　　　　　）と社長は言いました。

1　出勤してほしい　　2　出勤したがっている

3　出勤されたい　　4　出勤させてほしい

11　難しい問題は（　　　　　）、解決方法が分からなくなることがある。

1　考えると考えるより　　2　考えれば考えるはず

3　考えるかぎり　　4　考えれば考えるほど

12　寒くなったせいか最近すぐ疲れて、朝起きてもなかなか疲れが取れないので、タバコを（　　　　　）と思います。

1　すいすぎにしよう　　2　やめることにしよう

3　やめることになろう　　4　すうことにしよう

13　A「昨日の留学生交流会(こうりゅうかい)はどうでしたか。」

B「とても楽しかったですよ。あなたも（　　　　　）。

1　来るならいいのに　　2　来ればよかったのに

3　来られるならいいのに　　4　来られればいいのに

問題 2　つぎの文の ＿★＿ に入れる最もよいものを、1・2・3・4 から一つえらびなさい。

（問題例）

つくえの ＿＿＿ ＿＿＿ ＿★＿ ＿＿＿ あります。

1 が　　2 に　　3 上　　4 ペン

（解答のしかた）

1. 正しい答えはこうなります。

つくえの ＿＿＿ ＿＿＿ ＿★＿ ＿＿＿ あります。
3 上　2 に　4 ペン　1 が

2. ＿★＿ に入る番号(ばんごう)を解答(かいとう)用紙にマークします。

（解答用紙）

(例)(れい)	① ② ③ ●

14　数学を ＿＿＿ ＿＿＿ ＿★＿ ＿＿＿ 進学を決めた。

1 勉強すればするほど　　2 数学学科への

3 と思うようになって　　4 もっと勉強したい

15　新しく買ったくつは試着して ＿＿＿ ＿＿＿ ＿★＿ ＿＿＿ 不安です。

1 ので　　2 いない　　3 合うか　　4 サイズが

16 A「杉本（すぎもと）さんは料理が作れますか。」

B「はい、わたしは料理を作るのは好きですが、 まだ ＿＿＿ ＿＿＿ ＿★＿ ＿＿＿。」

1 母ほど　2 には　3 作れません　4 上手

17 母が買ってきたぼうしは ＿＿＿ ＿＿＿ ＿★＿ ＿＿＿ いました。

1 きれいな　2 して　3 色を　4 とても

18 このパンは作り方が ＿＿＿、＿＿＿ ＿★＿ ＿＿＿ と思います。

1 とても簡単で　2 一度作ってみよう

3 すぐできるそうなので　4 初めの人でも

問題３　つぎの文章を読んで、文章全体の内容を考えて、［19］から［23］の中に入る最もよいものを、１・２・３・４から一つえらびなさい。

わたしの趣味

わたしは車が大好きで、特に、一人でドライブをすることが好きです。

毎日仕事で忙しい日々ですが、少し暇ができると、一人で目的地も決めずに、車で［19］。走りながら、その日の気分によって行き先を決めます。わたしは東京に住んでいるのですが、行き先は近郊にある、温泉で有名な箱根などが多いです。時々海が見たいときは港の方へ行くときもあります。［20］、連休や長い休みになると、もう少し遠くまで行きます。もちろんいつも一人です。車の中で好きな音楽をかけて景色を見ながらドライブするのはとても気持ちがよく、［21］。

わたしは車を運転することと、いつもと少し違う場所に行って、その景色やその土地の食べ物などを楽しむことが好きです。わたしの［22］、目的なく車を走らせることが「エネルギー資源の無駄遣い」に見えるかもしれませんが、これがわたしにとって［23］。

19

1 出かけたりします
2 出かけたことがあります
3 出かけるそうです
4 出かけるようです

20

1 たとえば
2 また
3 そのため
4 ところが

21

1 ストレス解消（かいしょう）にします
2 ストレス解消（かいしょう）にならないそうです
3 ストレス解消（かいしょう）になるでしょう
4 ストレス解消（かいしょう）にもなります

22

1 この趣味が好きなひとには
2 この趣味をもっている人には
3 この趣味が理解できない人には
4 この趣味が理解できる人には

23

1 一番楽しかったです
2 一番楽しいかもしれません
3 一番の楽しみなのです
4 一番の楽しみだろうと思います

問題4　つぎの(1)から(4)の文章（ぶんしょう）を読んで、質問に答えなさい。答えは、1・2・3・4から最もよいものを一つえらびなさい。

(1)

これは、留学生のヤンさんが大学の掲示板（けいじばん）にはった募集広告である。

今月末に突然（とつぜん）帰国することになりました。

そこで、わたしの代わりにこの部屋に住んでくれる学生の方を探しています。

・入居は２月15日以降に可能です。

・２月に引越しをしても、家賃は３月分から払います。

・家賃は６万で、入居時に３か月分の家賃を先に払います。

・部屋は広めのワンルームで、机やベッドなどの家具はついています。

・大学までは自転車で15分ぐらいです。

ご興味のある方は、ぜひ、ご連絡ください。なお、女性に限らせていただきます。

03−8768−9876　ヤン

24　この広告の内容に合っていないものはどれか。

1　２月に入居した場合、２月分の家賃は必要ない。

2　大学生なら、だれでも入居することができる。

3　入居したときに、18万円を払わなくてはならない。

4　部屋にベッドがあるので、買わなくてもよい。

（2）

これはごみの捨て方について書かれたものである。

住民のみなさんへのお願い

ごみ出しのルールとマナーを守り、住みやすい町をつくりましょう。

・きちんと分別して出します。（分別されていないごみは収集しません）

・ふたのついたバケツに名前を書き、その中に入れて出します。

（バケツはごみ収集後に必ず持って帰ってください）

・ごみの収集日は火曜日と金曜日の早朝から朝８時までです。

・前日のごみ出しは迷惑（めいわく）になりますので、やめましょう。

・ごみ捨て場の掃除担当の人は忘れないようにお願いします。

町内（ちょうない）会長　安田（やすだ）

25　この町のごみ捨てのルールはどれか。

1　ごみを入れる容器（ようき）はふたがあるものと決まっている。

2　ゴミ捨て場は、毎回、町の人全員で掃除をする。

3　ごみの収集は早い時間に来るので、前の日に出してもよい。

4　ごみの収集日は平日と週末にそれぞれ１回ずつである。

（3）

この家を購入したとき、家の周りにはスーパーマーケットが一つしかありませんでしたが、十分だと考えていました。何より近いし、野菜や肉が安いので満足していました。ところが最近、＿＿＿＿＿＿＿＿。いつも同じものしか売っていないから、自然と料理の内容は決まってしまいます。それで、時々運転のできる友達に乗せてもらって遠くの大型スーパーに行くようになりました。見たことのない食材やお菓子などが珍しく、見ているだけでとても楽しいです。でも、結局は近くのスーパーのほうが安いので、そちらで買ってしまいます。

26　＿＿＿＿＿＿＿＿の部分にはどんなことばが入るのが適当か。

1　どんどん新しいスーパーができました

2　みるみる物価が上がってきました

3　だんだん飽きてきてしまいました

4　急にまた引っ越すことになりました

（4）

わたしの家の朝ごはんはおいしい。それは、家族のルールがあるからだ。わたしは学校が終わってから遅くまでサッカーの練習をしている。兄は大学の友達と遊んだり、アルバイトをしたりしている。母は趣味の料理教室に通っていて、父は遅くまで働いて、帰りにお酒を飲んでくることもある。家族の生活がばらばらだから、朝ごはんだけはゆっくり一緒に食べることが決まりになっている。だから、母は朝ごはんに一番力を入れているのだ。

27　「わたし」の家の朝ごはんがおいしい理由は何か。

1　朝ごはんを食べる前に、みんなで運動をするから

2　母が料理教室に通っているから

3　それぞれが好きなものを食べられるから

4　母が朝ごはんを一番一生懸命作るから

問題5　つぎの(1)と(2)の文章を読んで、質問に答えなさい。答えは、1・2・3・4から最もよいものを一つえらびなさい。

（1）

くだものは体にどのような影響を与えるのでしょうか。わたしは五年間くだものだけを食べながら、そのことを自分の体を使って実験しています。くだものだけで栄養のバランスは大丈夫なのですかとよく心配されますが、わたしは非常に健康です。

くだものは甘いのでたくさん食べないほうがいいと思われそうですが、糖の量はごはんよりもずっと少ないですし、自然の糖分なので、太りにくく、体への負担が少ないのです。そして肌がきれいになります。骨の強さも調べてもらいましたが、普通の人よりも骨が丈夫だという結果が出て、医者も驚いていました。

くだものの食べ方には大事なポイントがあります。それは、その時期のくだものを食べることです。季節のものが一番栄養が豊富だからです。それから、健康のためには、食事の前に食べるのがいいです。また、朝起きてすぐに水分の多いくだものを食べるのもおすすめです。くだものは消化がよいため、食べても眠くなりにくく、頭がはっきりします。だから、大事なビジネスの話をする前にはくだものを食べるといいです。

28 「わたし」はなぜくだものだけを食べているか。

1 ビジネスで成功したいから

2 くだものは栄養(えいよう)のバランスがいいから

3 くだものの食べ方について研究しているから

4 くだものが体に与える影響(えいきょう)を調べたいから

29 くだものの食べ方についてこの文章と合っているものは何か。

1 朝ごはんをくだものだけにすると、健康によい。

2 食後のデザートに食べると、健康によい。

3 季節のくだものを食べることが栄養には一番よい。

4 眠いときに食べると眠くなくなる。

30 なぜ、大事なビジネスの話をする前にくだものを食べるとよいと言っているか。

1 食べるのに時間がかからないから

2 たくさん食べても眠くなりにくいから

3 リラックス効果があり、緊張しないから

4 消化がよいので、お腹が痛くなりにくいから

（2）

わたしが日本に来て、気に入ったものがあります。それは「足湯」です。簡単に言うと、足だけ入る温泉なのですが、温泉旅館に泊まったときに、入ったことがあります。無料で入れて、外の景色も楽しめるので、とても気持ちがよかったです。

最近、足湯カフェというものが、東京都内にも次々とオープンしたそうです。とても話題になっていると聞いたので、わたしも行ってみました。そのお店は、デパートの中にあって、とてもおしゃれで、若い女性が多く見られました。普通のカフェのようですが、いすに座ると足元にはお湯があって、みんな靴下を脱いでズボンをひざまで上げて、足をつけていました。わたしも、お茶とデザートを注文し、のんびりとリラックスしました。

足を温めるとさまざまな効果があるそうです。マッサージ効果があるので、足の疲れを取るのにもいいですし、全身の疲れにも効果があります。ストレス解消にもいいですし、風邪をひきにくくしたり、やせやすい体を作ったりするそうです。

隣に座っていた女性に話しかけたら、「会社帰りによく来ますよ。温泉まで行く時間がないから、ここでストレス解消しています」と言っていました。仕事や人間関係でストレスの多い時代に生きているわたしたちにはこのようなカフェがぴったりだと思いました。

31 とても話題になっているとあるが、何が話題となっているか。

1 東京都内に温泉がオープンしたこと

2 無料で入れる足湯が東京にもできたこと

3 足湯(あしゆ)に入れるカフェが次々とできたこと

4 足だけ入れる温泉があるということ

32 足湯(あしゆ)の効果として正しくないものはどれか。

1 疲労(ひろう)回復

2 ストレス解消(かいしょう)

3 ダイエット効果

4 風邪を治す

33 この文章を書いた人の考えと合っているものはどれか。

1 足湯(あしゆ)カフェは景色が楽しめてよかった。

2 足湯(あしゆ)カフェがもっと近くにできてほしい。

3 足湯(あしゆ)カフェより温泉のほうがリラックスできた。

4 足湯(あしゆ)カフェは疲れた現代人に合っている。

問題6　つぎの文章を読んで、質問に答えなさい。答えは、1・2・3・4から一つ最もよいものをえらびなさい。

きのう、小学校1年生の娘が学校から帰ってきたので、「おかえり。連絡ノートを出してね」と言いました。娘が、連絡ノートをかばんの中から取り出したとき、かばんの中から見たことのない新しい色鉛筆が出てきました。わたしは娘に、「それ、どうしたの？」と言いました。娘はしばらく黙ったあとに何か言おうとしていましたが、わたしはそれを待てませんでした。

「間違えて持ってきちゃったんでしょう？」と言いながら、箱の裏を見ると、同じクラスの友達の名前が書いてありました。ぬすんできたわけではないのだなと安心しながら、「お友達に借りて、返さないでそのまま持ってきちゃったの？ お友達、困っているんじゃない？」と言いました。すると、ずっと黙っていた娘がようやく「違うよ」と答えました。「何が違うの？」と聞くと、娘は「お母さんは、人の話を聞かないで勝手に決めるから嫌！」と言って、怒って行ってしまいました。

わたしは自分の子どものころを思い出しました。一生懸命勉強したのに、テストの点数が悪かったとき、「勉強しないからだ」と父親に怒られて、とても嫌だったことがあったのですが、娘の表情はそのときの自分に似ていました。

あとから話を聞くと、その友達と色鉛筆を一日交換したのだそうです。入っている色が少しずつ違ったので、お互いに使ってみたくなったようです。「だったら、そうやって早く言えばいいじゃない」とつい言ってしまいましたが、まだ娘は6歳です。考えたことをうまく伝えられないこともあるのだろうと、あとから考えて、娘に悪いことをしたと思いました。

34 それを待てませんでしたとあるが、そのときの「わたし」の気持ちをよく表すのはどれか。

1 早く連絡ノートを見せてほしい。

2 早く質問に答えてほしい。

3 早く色鉛筆を見せてほしい。

4 早く友達に色鉛筆を返したい。

35 「違うよ」のあとに続くことばとして合っているものはどれか。

1 この色鉛筆(いろえんぴつ)は友達のではない。

2 わたしは色鉛筆(いろえんぴつ)をぬすんでいない。

3 返し忘れたのではない。

4 お母さんとわたしの考え方は違う。

36 とても嫌だったとあるが、何が嫌だったのか。

1 一生懸命勉強したのに、テストの点数が悪かったこと

2 勉強をしなくて、父親に怒られたこと

3 頑張って勉強したのに、してないと言われたこと

4 勉強しなかったせいで、いい点数が取れなかったこと

37 「わたし」はどうして娘に悪いことをしたと思ったのか。

1 娘が色鉛筆をぬすんだことを強くしかりすぎたから

2 自分の気持ちをうまく娘に伝えられなかったから

3 娘の言うことを嘘だと疑ったから

4 娘の話をゆっくり聞かなかったから

問題７　右のページは、「花火大会」の案内である。これを読んで、下の質問に答えなさい。答えは、１・２・３・４から最もよいものを一つえらびなさい。

38　吉田（よしだ）さんは平日のサークル活動が終わったあとに、みんなで花火大会に行くことにした。最初から見たいが、サークルは６時半までで、学校から野田（のだ）駅までは電車で30分かかる。お金がかからないものを希望している。吉田（よしだ）さんの希望に合う花火大会はいくつあるか。

1　ない　　2　1つ　　3　2つ　　4　3つ

39　アリさんは②の記念公園の花火大会に行くことにした。この花火大会について正しくないものはどれか。

1　チケットは、事前に窓口に行って購入（こうにゅう）することができる。
2　この花火大会は、入場者全員が座って見ることができる。
3　会場へはバスで行くこともできるし、車で行くこともできる。
4　チケットが残っていれば、当日に購入（こうにゅう）することも可能だ。

① ふるさと祭り花火大会
日にち　8月8日（月曜日）
※ 雨天の場合は9日に行います。
時間　　18：50～20：10
花火の打ち上げ数：1,500発
交通：野田駅から徒歩5分、駐車場なし

② 記念公園花火大会
日にち　8月15日（月曜日）
時間　　19：20～20：30
花火の打ち上げ数：8,000発
交通：野田駅からバスで5分。駐車場有り（1台700円）
※ 入場にはチケットが必要です。（全席指定 1,000円）
※ チケットは当日購入可能ですが、売り切れることもありますので、事前に電話かインターネット予約をおすすめします。お支払いは当日窓口でお願いします。予約番号を必ずお持ちください。

③ 大田川花火大会
日にち　8月27日（土曜日）
時間　　20：00～21：00
花火の打ち上げ数：3,000発
交通：野田駅から徒歩30分
　　　駐車場有り（1台500円、19時から20時まで利用可能）

④ 野田湾花火大会
日にち　8月16日（火曜日）
時間　　20：30～21：30
花火の打ち上げ数：6,000発
交通：野田駅から徒歩10分
※ 途中で飲み物や食べ物を買う店はありませんので、事前に駅前でご購入ください。

N3

聴解（ちょうかい）

（40分）

注　意
Notes

1. 試験が始まるまで、この問題用紙を開けないでください。
   Do not open this question booklet until the test begins.

2. この問題用紙を持って帰ることはできません。
   Do not take this question booklet with you after the test.

3. 受験番号（じゅけんばんごう）と名前を下の欄（らん）に、受験票（じゅけんひょう）と同じように書（か）いてください。
   Write your examinee registration number and name clearly in each box below as written on your test voucher.

4. この問題用紙は、全部（ぜんぶ）で１３ページあります。
   This question booklet has 13 pages.

5. この問題用紙にメモをとってもいいです。
   You may make notes in this question booklet.

受験番号（じゅけんばんごう） Examinee Registration Number	

名 前 Name	

問題1

問題1では、まず質問を聞いてください。それから話を聞いて、問題用紙の1から4の中から、最もよいものを一つえらんでください。

れい

1　8時45分

2　9時

3　9時15分

4　9時30分

1 ばん

1 会議室を予約する

2 昼食を食べる

3 会議をする

4 資料を準備する

2 ばん

1 プリンターを修理する

2 技術担当者が訪問する

3 技術担当者が電話をする

4 電話で修理の方法を教える

3ばん

1　伊藤さんに電話をする

2　友達との約束を変える

3　店長に連絡をする

4　サークルの練習に行く

4ばん

1　病院に行く

2　宿題をする

3　夕食を食べる

4　サッカーの練習に行く

5ばん

1 3,400円(えん)

2 2,400円(えん)

3 1,000円(えん)

4 3,000円(えん)

6ばん

1 仕事(しごと)をする

2 女(おんな)の人(ひと)とご飯(はん)を食(た)べる

3 一人(ひとり)でご飯(はん)を食(た)べる

4 女(おんな)の人(ひと)を待(ま)つ

問題 2

問題 2 では、まず質問を聞いてください。そのあと、問題用紙を見てください。読む時間があります。それから話を聞いて、問題用紙の 1 から 4 の中から、最もよいものを一つえらんでください。

れい

1 いそがしくて時間がないから
2 料理がにがてだから
3 ざいりょうがあまってしまうから
4 いっしょに食べる人がいないから

1ばん

1 ピアノ

2 バイオリン

3 ギター

4 ドラム

2ばん

1 気が短くて、すぐ怒る子ども

2 しっかりした子ども

3 よく忘れ物をする子ども

4 まじめで勉強のできる子ども

3 ばん

1 料理がおいしいこと

2 温泉があること

3 海が近いこと

4 部屋がきれいなこと

4 ばん

1 仕事が多いから

2 夜遅くまで働くから

3 出張が多いから

4 社長が嫌いだから

5 ばん

1 書類(しょるい)

2 携帯電話(けいたいでんわ)

3 財布(さいふ)

4 名刺(めいし)

6 ばん

1 甘(あま)いアイスコーヒー

2 甘(あま)くないアイスコーヒー

3 甘(あま)いホットコーヒー

4 甘(あま)くないホットコーヒー

問題 3

問題３では、問題用紙に何もいんさつされていません。この問題は、ぜんたいとしてどんなないようかを聞く問題です。話の前に質問はありません。まず話を聞いてください。それから、質問とせんたくしを聞いて、１から４の中から、最もよいものを一つえらんでください。

－ メモ －

問題4

問題4では、えを見ながら質問を聞いてください。やじるし(➡)の人は何と言いますか。1から3の中から、最もよいものを一つえらんでください。

れい

1 ばん

2 ばん

3 ばん

4 ばん

問題 5

問題 5 では、問題用紙に何もいんさつされていません。まず文を聞いてください。それから、そのへんじを聞いて、１から３の中から、最もよいものを一つえらんでください。

－メモ－

JLPT
N3

실전모의고사 3회

실전모의고사 채점표

자신의 실력이 어느 정도인지 확인할 수 있도록 임의적으로 만든 채점표입니다.
실제 시험은 상대 평가 방식이므로 오차가 발생할 수 있습니다.

언어지식 (문자·어휘·문법)

	3회	배점	만점	정답 문항 수	점수
문자・어휘	문제 1	1점×8문항	8		
	문제 2	1점×6문항	6		
	문제 3	1점×11문항	11		
	문제 4	1점×5문항	5		
	문제 5	1점×5문항	5		
문법	문제 1	1점×13문항	13		
	문제 2	1점×5문항	5		
	문제 3	1점×5문항	5		
합계			58점		

*점수 계산법 : 언어지식(문자·어휘·문법) [ ]점÷58×60 = [ ]점

독해

	3회	배점	만점	정답 문항 수	점수
독해	문제 4	3점×4문항	12		
	문제 5	4점×6문항	24		
	문제 6	4점×4문항	16		
	문제 7	4점×2문항	8		
합계			60점		

청해

	3회	배점	만점	정답 문항 수	점수
청해	문제 1	2점×6문항	12		
	문제 2	2점×6문항	12		
	문제 3	3점×3문항	9		
	문제 4	2점×4문항	8		
	문제 5	2점×9문항	18		
합계			59점		

*점수 계산법 : 청해 [ ]점÷59×60 = [ ]점

N3

げんごちしき（もじ・ごい）

（30ぷん）

ちゅうい
Notes

1. しけんが　はじまるまで、この　もんだいようしを　あけないで　ください。
   Do not open this question booklet until the test begins.
2. この　もんだいようしを　もって　かえる　ことは　できません。
   Do not take this question booklet with you after the test.
3. じゅけんばんごうと　なまえを　したの　らんに、じゅけんひょうと　おなじように　かいて　ください。
   Write your examinee registration number and name clearly in each box below as written on your test voucher.
4. この　もんだいようしは、ぜんぶで　7ページ　あります。
   This question booklet has 7 pages.
5. もんだいには　かいとうばんごうの 1 、 2 、 3 …が　ついて　います。かいとうは、かいとうようしに　ある　おなじ　ばんごうの　ところに　マークして　ください。
   One of the row numbers 1, 2, 3 … is given for each question. Mark your answer in the same row of the answer sheet.

じゅけんばんごう　Examinee Registration Number	

なまえ　Name	

問題1　＿＿＿＿＿のことばの読み方として最もよいものを、1・2・3・4から一つえらびなさい。

1　知らない漢字は辞書でしらべて記録しておきます。

1　きらく　2　きりゃく　3　きろく　4　きりょく

2　おばあさんの家には小さい池があります。

1　みずうみ　2　みなと　3　なみ　4　いけ

3　新しい技術は去年よりかなりよくなりました。

1　きじゅつ　2　ぎじゅつ　3　きじつ　4　ぎじつ

4　この車はきめられた場所に移動してください。

1　いどう　2　いど　3　いどん　4　うつど

5　ゆかに長く座ると足がいたくなる。

1　うつる　2　すわる　3　ねる　4　たてる

6　友達を空港まで車で迎えにいった。

1　つたえ　2　わらえ　3　むかえ　4　くわえ

7　新しい植物を見つけたらここに書いてください。

1　しょくぶつ　2　しょくもつ　3　ちょくぶつ　4　ちょくもつ

8　彼女は掃除をすることがにがてだそうだ。

1　そうじ　2　そうじょ　3　しょうじ　4　しょうじょ

問題２　＿＿＿＿のことばを漢字で書くとき、最もよいものを、１・２・３・４から一つえらびなさい。

9　このころ、学校問題がちゅうもくをあつめている。

1　着目　　2　主目　　3　注目　　4　集目

10　子どものじこを聞いたかぞくは、みんな泣いていた。

1　時故　　2　事故　　3　自故　　4　地故

11　スピードがおちないように運転するのが大切です。

1　落ちない　　2　滞ちない　　3　下ちない　　4　渡ちない

12　父はしっぱいすることは悪くないと言いました。

1　失敗　　2　失販　　3　失財　　4　失則

13　最近成績があまりのびなくてなやんでいます。

1　進び　　2　昇び　　3　上び　　4　伸び

14　まもなく出発するので、早くじょうしゃしてください。

1　上車　　2　上者　　3　乗車　　4　乗者

問題3　（　　　　）に入れるのに最もよいものを、1・2・3・4から一つえらびなさい。

15　人間は経験を（　　　　）ことによって、精神的にも成長するのである。

1　つもる　　2　ふえる　　3　かさねる　　4　せまる

16　新しい携帯には過去の（　　　　）を記録しておける機能（きのう）もついているそうです。

1　起動　　2　行動　　3　始動　　4　変動

17　引っ越しのために部屋のものはできるだけ（　　　　）つもりで片づけを始めた。

1　へらす　　2　よる　　3　きる　　4　ひろう

18　ここは人が通る道なので、ものをおくと（　　　　）になります。荷物はあそこに置いてください。

1　ひま　　2　じゃま　　3　じみ　　4　ひつよう

19　彼女は日が（　　　　）からの空が美しくてずっと空をながめていた。

1　くれて　　2　おわって　　3　あけて　　4　すぎて

20　手に（　　　　）をしたので、病院に行って医者に直してもらいました。

1　きず　　2　けが　　3　あな　　4　びょうき

21　新商品のサンプルは（　　　　）でおくりましたので、届きましたらお知らせください。

1　輸入　　2　輸出　　3　配送　　4　郵便

22　店には、世界各国の有名な音楽が（　　　　）いる。

1　聞いて　　2　楽しんで　　3　流れて　　4　売って

23 いくらおもしろい話でも同じ話ばかり聞かされると（　　　　　）します。

1 さっぱり　　2 うきうき　　3 はらはら　　4 うんざり

24 このくつは大きすぎです。もう少し小さい（　　　　　）のくつは、ありませんか。

1 カーテン　　2 ユーモア　　3 サイズ　　4 ソフト

25 デパートの店員さんはとても（　　　　　）方で、荷物を運ぶのを手伝ってくれた。

1 ふるい　　2 したしい　　3 やさしい　　4 いそがしい

問題4 ＿＿＿＿＿に意味が最も近いものを、1・2・3・4から一つえらびなさい。

26 会場に入るときは入場券をていじしてください。

1 見て　2 あげて　3 買って　4 見せて

27 短い時間に作ったものだけど、彼女の作品は見事だった。

1 きびしかった　2 ただしかった
3 すばらしかった　4 めずらしかった

28 このレポートを完成するには少なくとも４人は必要です。

1 さいこう４人　2 さいてい４人　3 ちょうど４人　4 正確に４人

29 この音楽を聞くと心と体がリラックスします。

1 落ち着きます　2 元気になります
3 やらせられます　4 目がさめます

30 新商品のサンプルは入り口で配りますので、受け取ってください。

1 価格　2 材料　3 資料　4 見本

問題5　つぎのことばの使い方として最もよいものを、1・2・3・4から一つえらびなさい。

31　収集

1　ゴミを収集しやすく区域を10のブロックに分けています。

2　全国でアルバイトを収集しているコンビニが調べられます。

3　地球環境のために、お客様がお使いになったスプーンは収集しています。

4　最近は親子に収集を教えてくれる教室もあるそうです。

32　伝言

1　なぜかいつも人と伝言を続けようとしても続かないときがあります。

2　就職活動での伝言では事前準備がかぎとなります。

3　この赤いボタンを押すと伝言メッセージが再生できます。

4　鈴木さんの論文伝言だけが来週に延期されました。

33　外す

1　これは燃えないゴミなので、別のところに外して置いてください。

2　部屋に細かいゴミが落ちていたので、掃除機で外した。

3　風呂に入る前に腕時計を外した後、どこに置いたか忘れてしまいました。

4　電気がつかなくなったので、電球を外して新しいものと変えました。

34　影響

1　ダイエットを始めるので一番影響がある運動を教えてください。

2　大学院ではメディアの影響問題について研究しています。

3　受検のお申込みから影響のお知らせが届くまでの流れがのっています。

4　この乗り物は高いところまで上がるので、身長影響をしています。

35　ぶつける

1 友達（ともだち）にさよならと手をぶつけました。

2 ダイエットの鍵（かぎ）をぶつけているのは「米」だそうです。

3 豊富な実験で経験（けいけん）をぶつけて、ITスペシャリストになりたいと思っています。

4 机の角に頭をぶつけてけがをしてしまった。

N3

言語知識（文法）・読解

（70分）

注　意
Notes

1. 試験が始まるまで、この問題用紙を開けないでください。
   Do not open this question booklet until the test begins.
2. この問題用紙を持って帰ることはできません。
   Do not take this question booklet with you after the test.
3. 受験番号と名前を下の欄に、受験票と同じように書いてください。
   Write your examinee registration number and name clearly in each box below as written on your test voucher.
4. この問題用紙は、全部で１８ページあります。
   This question booklet has 18 pages.
5. 問題には解答番号の 1 、 2 、 3 …が付いています。解答は、解答用紙にある同じ番号のところにマークしてください。
   One of the row numbers 1, 2, 3 … is given for each question. Mark your answer in the same row of the answer sheet.

受験番号　Examinee Registration Number	

名 前　Name	

問題1　つぎの文の（　　　　）に入れるのに最もよいものを、1・2・3・4から一つえらびなさい。

1　学校生活（　　　　）、コミュニケーションは重要であると思います。

1　について　　2　において　　3　にくらべて　　4　にしたがって

2　駅前の店のラーメンは、濃い味が好きな人（　　　　）いいかもしれません。

1　にとっては　　2　にくらべては　　3　にたいしては　　4　として

3　子どもが3歳になったとき、新しい仕事をしようと思ったのですが、近所の保育園（ほいくえん）は（　　　　）いっぱいであきらめました。

1　いまにも　　2　少しも　　3　すでに　　4　たしかに

4　家の近くにあるレストランにはたくさんのイタリアワインがあります。値段は少し高いですが、ほかのレストランではあまり飲めないもの（　　　　）です。

1　だけ　　2　ばかり　　3　しか　　4　のみ

5　わたしは飛行機が苦手なので、乗ったらすぐ音楽を聞きながら（　　　　）いいと思っています。

1　寝れば　　2　寝るなら　　3　寝るしか　　4　寝ても

6　今朝、目覚まし時計がならなかった（　　　　）、1時間も寝坊してしまった。

1　はずで　　2　一方で　　3　せいで　　4　場合

7　テレビを見るときや本を読むとき、姿勢が悪くなっていませんか。今回は姿勢よく楽に座れるいすを（　　　　）。

1　ご紹介になります　　2　ご紹介いたします

3　ご紹介なさいます　　4　ご紹介いらっしゃいます

8 A「ね、卒業してもう３年だね。」

B「うん、そうだね。わたしは先生が最後に（　　　　　）言葉が忘れられないよ。」

1　うかがった　　2　もうしあげた　　3　おっしゃった　　4　お話しした

9 （バスで）

A「あのう、荷物が多いですね。これ（　　　　　）。」

B「じゃ、これだけお願いします。」

1　持ちましょうか　　2　お持ちしますか

3　持っていいですか　　4　持ちませんか

10 明日授業があるか（　　　　　）は朝６時までに学校のホームページでお知らせします。

1　どこでも　　2　どうにも　　3　どうか　　4　どうして

11 （駅前で）

A「あら、ここでタバコを吸ったらだめなんじゃない？」

B「いや、ここではタバコを（　　　　　）よ。」

1　吸ってはいけないらしい　　2　吸ってもいいらしい

3　吸わないといけないようだ　　4　吸ってもいいようだ

12 （会社で）

山田（やまだ）「部長、午後の会議に必要な資料がまだできてないんですが…。」

部長（ぶちょう）「あ、そう。でももう時間がないから、じゃ、（　　　　　）ね。」

1　あったほうがいい　　2　ないままやるしかない

3　あるままするしかない　　4　しないまましたほうがいい

13 わが社では来年から社員の自転車通勤をすすめて（　　　　　）そうです。

1　いかないようになる　　2　いくようになる

3　いかないことにする　　4　いくことにする

問題2　つぎの文の ＿★＿ に入れる最もよいものを、1・2・3・4から一つえらびなさい。

（問題例）

つくえの ＿＿＿ ＿＿＿ ＿★＿ ＿＿＿ あります。

1 が　　2 に　　3 上　　4 ペン

（解答のしかた）

1. 正しい答えはこうなります。

つくえの ＿＿＿ ＿＿＿ ＿★＿ ＿＿＿ あります。 3 上　2 に　4 ペン　1 が

2. ＿★＿ に入る番号(ばんごう)を解答(かいとう)用紙にマークします。

（解答用紙）

(例)(れい)	① ② ③ ●

---

14 あの美術館はいつも ＿＿＿、＿＿＿ ＿★＿ ＿＿＿ 行ってください。

1 から　　2 すいている時間を

3 確認して　　4 こんでいるので

15 桜の ＿＿＿ ＿＿＿、＿★＿ ＿＿＿ 思い出します。

1 見ると　　2 日本に　　3 絵を　　4 来たころを

16 春から留学する娘には、勉強 ＿＿＿ ＿＿＿ ＿★＿ ＿＿＿ できない経験をしてほしいと思います。

1 でしか　　2 以外　　3 にも　　4 その国

17 料金のお振込み（ふりこ）を ＿＿＿ ＿＿＿、＿★＿ ＿＿＿ お送りします。

1 案内を　　2 後　　3 詳しい　　4 確認した

18 苦手な科目でいい成績がとれなくてもいいので、＿＿＿ ＿＿＿ ＿★＿ ＿＿＿ 思っている。

1 得意なことを　　2 やりたいと　　3 やらせて　　4 娘には

問題3　つぎの文章を読んで、文章全体の内容を考えて、[19]から[23]の中に入る最もよいものを、1・2・3・4から一つえらびなさい。

日本で感動したこと

週末、友達と母のプレゼントを買いに日本のデパートに行きました。母が好きな赤いバラのハンカチを買うことにしました。店内を探しても見つからなかったので、店員に探してもらいました。[19]をレジに持っていって渡したら、店員はわたしに「ご自分で使いますか」、「プレゼントですか」と[20]。わたしは、疑問に思いながら、「母のプレゼントです」と答えました。[21]、店員さんはハンカチを丸くまいて一本のピンク色のひもを出しました。そのひもの上にハンカチをおいてリボンの形に結びはじめました。ただ20秒で包んだのにハンカチはいつの間にかきれいなバラの形になりました。

帰国したら家族に[22]。でも、言葉だけでは伝わらないと思うので、このプレゼントを母に渡しながら家族にも[23]。

19

1 それ　2 あれ　3 そっち　4 あっち

20

1 言い返しました　2 言わせました

3 言いました　4 言い直してくれました

21

1 実は　2 すると　3 ところで　4 例えば

22

1 この話をしたことでした　2 この話をしていたからでした

3 この話をしたいです　4 この話をしていたみたいでした

23

1 見せるだろうと思っていました　2 見せようと思っています

3 見せるだろうと思うはずです　4 見せようと思ったかもしれません

問題4　つぎの（1）から（4）の文章を読んで、質問に答えなさい。答えは、1・2・3・4から最もよいものを一つえらびなさい。

（1）

これは、木村さんがジョンさんの家族に渡したメモである。

> ジョンさん
>
> こんにちは。けがの具合はどうですか。
>
> 試験の日を変更することについてですが、山本先生の国際論は残念ながら無理でした。代わりにレポートを出すそうで、必ず20日までにメールで送るようにとのことです。
>
> レポートに必要な本は「国際論入門1」です。
>
> もし持っていなかったら、わたしが図書館で借りてきますので、このメモを読んだら、電話してください。
>
> 吉田先生は大丈夫だそうです。治ったらすぐに先生の研究室を訪ねてください。
>
> それでは、お大事に。
>
> 木村

24　ジョンさんは、まず何をしなければならないか。

1　木村さんに電話をする。

2　図書館で本を借りる。

3　山本先生にメールをする。

4　吉田先生の研究室に行く。

（2）

これは、社内運動会についてのメールである。

実行委員のみなさんへ

先日は会場探しお疲れ様でした。

運動会シーズンで、なかなか会場が見つからず、苦労したでしょう。

さて、注文する予定だったお弁当と飲み物なのですが、実は予算が減らされることになってしまいました。すみませんが、１人1,０００円でもう一度探してもらえますか。

競技（きょうぎ）は去年と同じものにします。それから、プログラムはこちらで作成します。お手数をかけますが、よろしくおねがいします。

中田（なかだ）

25　実行委員会がしなければいけないことは何か。

1　運動会の会場を予約すること

2　もう少し安いお弁当を探すこと

3　参加費の1,０００円を集めること

4　運動会の種目（しゅもく）を決めること

（3）

わたしは先月、漢字試験の１級に合格しました。わたしの国は漢字を使う国ではありませんが、わたしは漢字が大好きです。漢字の形は絵のようで、とても芸術的だと思います。そして、一つ一つの文字に意味があり、それがいくつか集まって、また別の意味を持った字を作ります。それが、パズルのようで楽しいのです。また、漢字の意味が分かると、その漢字を使った単語の意味も分かります。それが、とても面白いです。

26 この文章は何について書かれた文章か。

1 漢字の勉強を始めたきっかけ

2 漢字の勉強方法

3 漢字の魅力

4 漢字試験の難しさ

（4）

テレビでオリンピックの入場行進（こうしん）を見ながら、わたしはあることに気がついた。選手たちの表情は非常にいきいきしているのだが、観客（かんきゃく）のほうを見ていないのだ。多くの選手たちが、手に持ったスマートフォンの画面を見ていた。仲間（なかま）と肩を組（く）みながら、自分たちの写真を撮っている。たしかにいい記念にはなるだろうが、少し違和感（いわかん）を感じた。しかしこの時代、例え通話（つうわ）していたとしてもめずらしいことではないのかもしれない。若い選手たちのこれからに期待したい。

27 あることとは何か。

1 選手たちの表情がいきいきしていること

2 観客（かんきゃく）が選手のほうをあまり見ていないこと

3 電話をしながら行進（こうしん）する選手がいたこと

4 多くの選手がスマホで写真を撮っていること

問題5　つぎの(1)と(2)の文章を読んで、質問に答えなさい。答えは、1・2・3・4から最もよいものを一つえらびなさい。

（1）

「やる気」についてこんな実験が行われた。まず、パズルが好きな子どもたちを二つのグループに分ける。そして、少し難しいパズルを与える。子どもたちが夢中になってパズルをしている途中で、一つのグループの子どもたちにだけ、このように言う。「そのパズルを完成させたら、お金をあげるよ」そしてもう一つのグループには何も言わずにそのままにしておく。さて、パズルを完成させたのはどちらだろうか。

意外に感じるかもしれないが、完成させたのは何も言わなかったグループだった。人間のやる気は「それをしてみたいという気持ちや、知りたいという好奇心」を持つことでしか、長続きがしないそうだ。お金をくれると言われたグループは、途中からその目的が「お金」に変わってしまい、やる気を持続させることができなかったのだ。そして途中で飽きてしまって、パズルをやめてしまった。だから、やる気を持ち続けさせるためには、その途中でほめたり、物やお金をあげる約束をするのではなく、何もしないのがよい。

これは大人でも同じだそうだ。例えば、何かの研究でも、賞をもらおうとか、給料を上げてもらおうとか、そういった目的ですると途中であきらめてしまうことが多いが、本当に好奇心からくる気持ちだけで続けた結果、何か大きな発見につながったりすることはよくあることだ。

28 この実験で明らかにしたいことは何か。

1 お金を与えると、子どもの能力は上がるのか。

2 ほめ言葉とお金のどちらがやる気を向上させるのか。

3 金額が大きくなると、やる気も大きくなるのか。

4 やる気を持続させるのは「好奇心」か「お金」か。

29 子どものやる気を持続させるために、親はどうすればよいか。

1 賞を与える。

2 ずっとほめ続ける。

3 何もしない。

4 目標を持たせる。

30 好奇心からくる気持ちと合っているものはどれか。

1 賞を取りたいという気持ち

2 ほめられたいという気持ち

3 知らないことを知りたいという気持ち

4 出世したいという気持ち

（2）

わたしは名刺をもらうと、その日のうちにその名刺にその人の特徴や会った場所などを簡単に記入します。なぜなら、わたしは仕事の関係でとてもたくさんの人に会うのですが、人の名前や顔を覚えるのが苦手だからです。以前、こんなことがありました。

仕事の帰りに、駅で電車を待っていると、女の人がわたしに向かって「田中さん、お久しぶりですね」と話しかけてきました。でも、わたしは彼女のことを思い出すことができませんでした。

仕事関係の人だったら失礼ですから、「誰ですか」とは聞くことができません。わたしは困って名刺を取り出しました。「そういえばわたし、この間、名刺を新しくしたんですよ。」と言いながら、名刺を差し出すと、その女性は「そうですか」と笑顔で受け取りました。そして、「あ、じゃあ、わたしも」と言って、財布を取り出して、名刺を１枚くれました。わたしは「うまくいってよかった」と心の中で思いました。その名刺を見て、ようやく彼女が取引先の会社の社員だと思い出しました。

その女性と別れたあと、もらった名刺に急いで「12月23日、新宿駅前で偶然、ショートカット」と書きました。それ以来「名刺メモ」をしています。一度頭の中で思い出してから、確認することによって、人の顔や名前を忘れることがずいぶん少なくなり、今ではわたしの習慣になっています。

31 <u>名刺を取り出しました</u>とあるが、なぜ名刺を出したのか。

1 新しい名刺を渡したかったから

2 相手も名刺をくれることを期待したから

3 話すことがなくなって困ったから

4 初めて会う人だから

32 「わたし」の名刺メモの内容と合っているものはどれか。

1 1月10日、3時、第3会議室

2 5月8日、新商品のプレゼン、背が高い

3 東京（とうきょう）銀行、25000円入金

4 田中（たなか）です。よろしくお願いします。

33 この文章の内容と合っているものはどれか。

1 「わたし」は人の顔や名前を覚えるのが得意だ。

2 「わたし」は名刺に簡単なあいさつを書いて渡すのが習慣だ。

3 「わたし」は知らない人に話しかけられて困ったことがある。

4 「わたし」はもらった名刺に必ずその人の特徴（とくちょう）をメモする。

問題6　つぎの文章を読んで、質問に答えなさい。答えは、1・2・3・4から一つ最もよいものをえらびなさい。

この町は、人口が約1,700人の小さな町です。町の面積の86％が山で、65歳以上の高齢者が人口の半分です。ところが、この町は、お年寄りが元気でいきいきと働いていて、みんなが笑顔です。この町では山にある葉や花などを取ってきて、全国の日本料理屋などに出しています。

このビジネスは、1986年にスタートし、現在では年間2億6,000万円も売り上げています。この町の200以上の農家がかかわっていて、働いている人の平均年齢は70歳です。このビジネスのポイントは、商品がとても軽く、女性や高齢者でも簡単に運べることです。そしてお金がかからないので、失敗したときの損害が少ないこともいい点です。最初は「こんなものがお金になるのか」と反対していた農家の人たちも、今はみんな『昔は落ち葉の掃除が嫌だったが、いまは金を拾っているようなもんだ』と言って喜んでいます。

この町はもともとみかんで有名な地域でしたが、若者がどんどん出て行って、みかん農家をする人はいなくなってしまいました。町の収入がなくなり、町がなくなるかもしれないという状況になりました。町の人が集まって、どうすれば町を守れるかと悩んだ結果、このビジネスが生まれました。

高齢者や女性たちに仕事ができ、収入ができたことで、町の雰囲気はずっと明るくなりました。老人ホームの利用者数が減り、町の老人ホームはなくなりました。このビジネスは、町を経済的に豊かにしただけでなく、お年寄りの心も体も健康にしたのです。

34 このビジネスとはどんな仕事なのか。

1 山で取れる山菜や野菜を利用した日本食レストランの経営

2 落ちている葉や花を拾ってきて、日本料理屋に売る仕事

3 山の草木や花で作った花束を全国に届ける仕事

4 自然の材料で作った工芸品をインターネットで販売する仕事

35 このビジネスが成功した理由として正しくないものはどれか。

1 商品が自然の中に存在するので、簡単に手に入る。

2 商品が軽いので、お年寄りにも扱いやすい。

3 元手がかからないので、リスクが少ない。

4 農家の人が成功を信じて、努力した。

36 このビジネスを始めるきっかけとなったことは何か。

1 多くの若者が町を出て行ったこと

2 みかんの売り上げが減少したこと

3 山林の環境が汚染されていたこと

4 高齢者の多くが病気になったこと

37 このビジネスが町に与えた影響について正しいものはどれか。

1 このビジネスのおかげで、町に若者が増えて、活気が戻った。

2 仕事をすることで高齢者が元気になり、町が明るくなった。

3 このビジネスのおかげで町が有名になり、観光客が増えた。

4 このビジネスで出た利益で、みかんの栽培を続けられることになった。

問題7　右のページは、「スタジオサエキ成人式キャンペーン」の案内である。これを読んで、下の質問に答えなさい。答えは、1・2・3・4から最もよいものを一つえらびなさい。

38　ヤンさんは成人式の記念写真を撮るつもりだ。次の条件で予約可能な日は何日あるか。

・できるだけ安い費用で撮りたい

・２月15日までに受け取りたい

1　２日　　2　３日　　3　４日　　4　５日

39　安井(やすい)さんは２月４日にこのスタジオで成人式の写真を撮った。写真は「六つ切り」を２枚購入(こうにゅう)。着物とドレスを１着ずつ着た。かかった費用はいくらか。

1　27,000円　　2　18,500円　　3　23,000円　　4　22,500円

スタジオサエキ

成人式キャンペーン　１月10日から２月10日まで
大人の仲間入りとなる成人の日。20歳の記念を写真に残しませんか。

《キャンペーン特典》

1　撮影代：13,000円のところを期間中の平日のみ8,500円で撮影できます。

2　写真代：大きさによって決まります。

- 八つ切り：4,000円
- 六つ切り：5,000円
- 四つ切り：6,000円
- 半切り：10,000円

3　衣装代：期間中の衣装レンタル（通常１着 2,000円）が無料。
何着でも着ることができます。

【予約状況】

○：予約可能

1月

月	火	水	木	金	土	日
						1×
2×	3×	4×	5○	6○	7○	8○
9○	10○	11○	12×	13×	14○	15×
16×	17×	18×	19○	20×	21×	22○
23○	24○	25○	26○	27○	28○	29○
30○	31○					

2月

月	火	水	木	金	土	日
		1○	2×	3×	4×	5○
6○	7○	8○	9○	10×	11×	12○
13○	14○	15○	16○	17○	18○	19○
20○	21○	22○	23○	24○	25○	26○
27○	28○	29○				

※　予約時に10％の予約金をいただきます。残りは撮影当日にお支払いください。
※　写真は撮影から４週間後から受け取れます。

ご予約、お問い合わせは 06－4732－0989まで

N3

聴解（ちょうかい）

（40分）

注　意
Notes

1. 試験が始まるまで、この問題用紙を開けないでください。
   Do not open this question booklet until the test begins.

2. この問題用紙を持って帰ることはできません。
   Do not take this question booklet with you after the test.

3. 受験番号（じゅけんばんごう）と名前を下の欄（らん）に、受験票（じゅけんひょう）と同じように書（か）いてください。
   Write your examinee registration number and name clearly in each box below as written on your test voucher.

4. この問題用紙は、全部（ぜんぶ）で１３ページあります。
   This question booklet has 13 pages.

5. この問題用紙にメモをとってもいいです。
   You may make notes in this question booklet.

受験番号（じゅけんばんごう） Examinee Registration Number	

名 前 Name	

問題 1

問題 1 では、まず質問を聞いてください。それから話を聞いて、問題用紙の 1 から 4 の中から、最もよいものを一つえらんでください。

れい

1　8時45分

2　9時

3　9時15分

4　9時30分

1ばん

1　4部(ぶ)

2　5部(ぶ)

3　6部(ぶ)

4　7部(ぶ)

2ばん

1　仕事(しごと)をやめる

2　正社員(せいしゃいん)として働(はたら)く

3　他(ほか)の会社(かいしゃ)に就職(しゅうしょく)する

4　パートとして働(はたら)く

3ばん

1 ぶどう

2 りんごとスイカ

3 ぶどうとりんごとスイカ

4 りんご

4ばん

1 論文(ろんぶん)を書(か)く

2 研究室(けんきゅうしつ)に行(い)く

3 先生(せんせい)にメールをする

4 論文(ろんぶん)を書(か)き直(なお)す

5 ばん

1 飛行機を予約する

2 新幹線を予約する

3 バスを予約する

4 ホテルを予約する

6 ばん

1 家で寝る

2 テレビを見る

3 海に行く

4 美術館に行く

問題 2

問題 2 では、まず質問を聞いてください。そのあと、問題用紙を見てください。読む時間があります。それから話を聞いて、問題用紙の 1 から 4 の中から、最もよいものを一つえらんでください。

れい

1 いそがしくて時間がないから
2 料理がにがてだから
3 ざいりょうがあまってしまうから
4 いっしょに食べる人がいないから

1 ばん

1 1月

2 2月

3 8月

4 9月

2 ばん

1 街が寒かったこと

2 いろんな国の人がいること

3 東京より街が小さかったこと

4 道をよくたずねられたこと

3ばん

1 人の名前を覚えること

2 人の顔を覚えること

3 人を笑わせること

4 人に話しかけること

4ばん

1 英語能力が高いから

2 自分の意見を主張できるから

3 まじめだから

4 人の話がよく聞けるから

5ばん

1 アルバイト

2 お祭(まつ)り

3 国内旅行(こくないりょこう)

4 海外旅行(かいがいりょこう)

6ばん

1 数学(すうがく)

2 国語(こくご)

3 体育(たいいく)

4 音楽(おんがく)

問題 3

問題 3 では、問題用紙に何もいんさつされていません。この問題は、ぜんたいとしてどんなないようかを聞く問題です。話の前に質問はありません。まず話を聞いてください。それから、質問とせんたくしを聞いて、1 から 4 の中から、最もよいものを一つえらんでください。

－ メモ －

問題（もんだい）4

問題（もんだい）4では、えを見（み）ながら質問（しつもん）を聞（き）いてください。やじるし(➡)の人（ひと）は何（なん）と言（い）いますか。1から3の中（なか）から、最（もっと）もよいものを一（ひと）つえらんでください。

れい

1ばん

2ばん

3ばん

4ばん

問題 5

問題 5 では、問題用紙に何もいんさつされていません。まず文を聞いてください。それから、そのへんじを聞いて、1 から 3 の中から、最もよいものを一つえらんでください。

－メモ－

JLPT
N3
실전모의고사 4회

실전모의고사 채점표

자신의 실력이 어느 정도인지 확인할 수 있도록 임의적으로 만든 채점표입니다.
실제 시험은 상대 평가 방식이므로 오차가 발생할 수 있습니다.

언어지식 (문자·어휘·문법)

	4회	배점	만점	정답 문항 수	점수
문자・어휘	문제 1	1점×8문항	8		
	문제 2	1점×6문항	6		
	문제 3	1점×11문항	11		
	문제 4	1점×5문항	5		
	문제 5	1점×5문항	5		
문법	문제 1	1점×13문항	13		
	문제 2	1점×5문항	5		
	문제 3	1점×5문항	5		
합계			58점		

*점수 계산법 : 언어지식(문자·어휘·문법) [ ]점÷58×60 = [ ]점

독해

	4회	배점	만점	정답 문항 수	점수
독해	문제 4	3점×4문항	12		
	문제 5	4점×6문항	24		
	문제 6	4점×4문항	16		
	문제 7	4점×2문항	8		
합계			60점		

청해

	4회	배점	만점	정답 문항 수	점수
청해	문제 1	2점×6문항	12		
	문제 2	2점×6문항	12		
	문제 3	3점×3문항	9		
	문제 4	2점×4문항	8		
	문제 5	2점×9문항	18		
합계			59점		

*점수 계산법 : 청해 [ ]점÷59×60 = [ ]점

N3

げんごちしき（もじ・ごい）

（30ぷん）

ちゅうい
Notes

1. しけんが　はじまるまで、この　もんだいようしを　あけないで　ください。
   Do not open this question booklet until the test begins.
2. この　もんだいようしを　もって　かえる　ことは　できません。
   Do not take this question booklet with you after the test.
3. じゅけんばんごうと　なまえを　したの　らんに、じゅけんひょうと　おなじように　かいて　ください。
   Write your examinee registration number and name clearly in each box below as written on your test voucher.
4. この　もんだいようしは、ぜんぶで　7ページ　あります。
   This question booklet has 7 pages.
5. もんだいには　かいとうばんごうの 1、2、3 …が　ついて　います。かいとうは、かいとうようしに　ある　おなじ　ばんごうの　ところに　マークして　ください。
   One of the row numbers 1, 2, 3 … is given for each question. Mark your answer in the same row of the answer sheet.

じゅけんばんごう　Examinee Registration Number	

なまえ　Name	

問題1　＿＿＿＿＿のことばの読み方として最もよいものを、1・2・3・4から一つえらびなさい。

1　この件はもっと簡単に処理しましょう。

1　しょち　2　しょり　3　そち　4　そり

2　ちからを少し抜いてください。

1　といて　2　むいて　3　だいて　4　ぬいて

3　くつに砂が入って歩きにくかった。

1　かい　2　いわ　3　すな　4　なみ

4　新しいパソコンは今までのより価格は少し高いです。

1　かがく　2　ねかく　3　ねだん　4　かかく

5　この会社はどんどん成長していきます。

1　せいなが　2　ぜいなが　3　せいちょう　4　ぜいちょう

6　アンケートの結果をレポートに入れます。

1　けつが　2　けつか　3　けっが　4　けっか

7　去年使っていたかばんのほうが少し軽いと思います。

1　かるい　2　ひくい　3　ふかい　4　ほそい

8　会社が郊外にうつったために、今は2時間もかけて通っている。

1　こがい　2　こうがい　3　こかい　4　こうそと

問題2 ＿＿＿＿＿のことばを漢字で書くとき、最もよいものを、1・2・3・4から一つえらびなさい。

9 父は大学でけいえい学を勉強したそうです。

1 経営　2 経映　3 経官　4 経英

10 わたしのしょうらいの夢は画家になることでした。

1 生来　2 招来　3 未来　4 将来

11 海の近くの旅館にとまった。

1 伯まった　2 泊まった　3 拍まった　4 迫まった

12 宮本（みやもと）先生のゆびはながくてきれいです。

1 顔　2 肩　3 指　4 背

13 せんたくした服がもうかわいたので、なかに入れてください。

1 消濯　2 洗曜　3 洗濯　4 選濯

14 友達を招待しましたが、ことわられました。

1 断られました　2 困られました　3 取られました　4 破られました

問題3　（　　　　）に入れるのに最もよいものを、1・2・3・4から一つえらびなさい。

15　友達とけんかをしてしまったので、先に（　　　　）と思っています。

1　なおしたい　　2　あやまりたい
3　あたえたい　　4　わたしたい

16　今日は気温が高くて、みんな（　　　　）をかきながら電車を待っていた。

1　涙　　2　汗　　3　ごみ　　4　歯

17　掃除のあと、手が（　　　　）食器（しょっき）のほうも洗ってくださいね。

1　あげたら　　2　いそがしかったら
3　あいたら　　4　ひまだったら

18　いつ来られるか、明日の（　　　　）を教えてください。

1　具合　　2　合間　　3　都会　　4　都合

19　この薬は水と飲むこともできますが、このまま飲むともっと（　　　　）だと言われています。

1　感情的　　2　効果的　　3　積極的　　4　具体的

20　彼はぼうえき会社の社長で、服をアメリカに（　　　　）している。

1　輸出　　2　外出　　3　出張　　4　来日

21　今日の（　　　　）が無事におわってほっとしています。

1　うちあわせ　　2　とりあつかい　　3　もちあわせ　　4　まちあわせ

22　荷物が多くなったので袋を二つに（　　　　）妹と一緒に持ちました。

1　やぶって　　2　わって　　3　わけて　　4　かぶって

23 息子は（　　　　　　）ひとりで電車に乗れるようになりました。

1 きっと　　2 やっと　　3 ずっと　　4 ぜひ

24 出版（　　　　　　）の会場は10階のイベントホールです。

1 アパート　　2 パーティー　　3 カレンダー　　4 アイスクリーム

25 鈴木（すずき）さんは話し方がとても（　　　　　　）で分かりやすいです。

1 ていねい　　2 あんしん　　3 だいじ　　4 ひつよう

問題4　＿＿＿＿＿に意味が最も近いものを、1・2・3・4から一つえらびなさい。

26　参加者リストからいらない名前は削除しました。

1　キャンセル　　2　オープン　　3　カット　　4　チャレンジ

27　わたしの周りには冷静な人があまりいないです。

1　しつこい　　2　落ち着いた　　3　冷たい　　4　するどい

28　昨日聞いた吉田(よしだ)先生の授業(じゅぎょう)は難しくてさっぱりわからなかった。

1　ぜんぜん　　2　あまり　　3　すこし　　4　すぐに

29　最近ストレスのせいか父の髪がぬけて心配です。

1　髪が増えて　　2　髪が少なくなって

3　頭が痛くなって　　4　髪がしろくなって

30　木村(きむら)さんはお金にかんしてはけちな人です。

1　お金を出したがる　　2　お金がきらいな

3　お金をほしがる　　4　お金を出すのをいやがる

問題５　つぎのことばの使い方として最もよいものを、1・2・3・4から一つえらびなさい。

31　ゆでる

1 森林が少なくなって太陽の光が地球をゆでています。

2 このスープはジャガイモをゆでて手間をかけて作ったものです。

3 このくつしたは５分で足もとをゆでてくれます。

4 今朝、冷たくなったスープをゆでてゆっくり飲みました。

32　すく

1 このごろ少しやせたせいかズボンがすいていた。

2 今日は週末なので教室がすいています。

3 彼女は顔がすいているから、きっといろんな人を知っているだろう。

4 学校の帰りにお菓子を食べたので、お腹があまりすいていません。

33　辞める

1 どうして会社を辞めたいのか真剣に考えたことがありますか。

2 連休のあけだから、すごい渋滞ですぐ辞めて戻ってきました。

3 先生に進学の相談をしようと頼んだら辞められた。

4 できたら一回時間を辞めてみたいと思ったことありますか。

34　がっかり

1　山田(やまだ)先生の出版記念会にはがっかりしながら参加することができません。

2　アンケートの結果を見て結婚しないという割が高くてとてもがっかりしました。

3　娘の結婚相手は、わたしが思ったような人だったのでがっかりしました。

4　希望する会社に就職(しゅうしょく)できなかったことで、そんなにがっかりすることはないと思う。

35　しずむ

1　リンク上でしずむと手が冷たいだけでなく、他の利用者のスケート靴などでけがをする場合もあります。

2　この事故で電住が２本もしずんでしまって現在道路が渋滞しております。

3　ここは海にしずむ美しい夕暮れが見られる最高の観光スポットです。

4　海でしずんだ人を助けるためには気をつける必要があります。

N3

言語知識（文法）・読解

（70分）

注　意
Notes

1. 試験が始まるまで、この問題用紙を開けないでください。
   Do not open this question booklet until the test begins.
2. この問題用紙を持って帰ることはできません。
   Do not take this question booklet with you after the test.
3. 受験番号と名前を下の欄に、受験票と同じように書いてください。
   Write your examinee registration number and name clearly in each box below as written on your test voucher.
4. この問題用紙は、全部で１８ページあります。
   This question booklet has 18 pages.
5. 問題には解答番号の 1 、 2 、 3 …が付いています。解答は、解答用紙にある同じ番号のところにマークしてください。
   One of the row numbers 1, 2, 3 … is given for each question. Mark your answer in the same row of the answer sheet.

受験番号　Examinee Registration Number	

名 前　Name	

問題1　つぎの文の（　　　　）に入れるのに最もよいものを、1・2・3・4から一つえらびなさい。

1　これは娘が先週学校で書いた「友達（　　　　）の手紙」という作文です。

1　から　　2　が　　3　に　　4　まで

2　もし熱が（　　　　）この赤い飲み薬を飲んでください。

1　出たら　　2　出すと　　3　出るまで　　4　出しても

3　角をまがったら子どもが（　　　　）飛び出してきたので、急ブレーキをかけた。

1　おそらく　　2　いきなり　　3　ぜひとも　　4　まったく

4　昨日は、旅行の初日だったので、軽く買い物を（　　　　）食事をしました。

1　したら　　2　したから　　3　しても　　4　してから

5　（学校で）

林(はやし)「ねえ、さっき先生に怒られていたよね。」

森(もり)「うん、すごくきびしく言われたの。」

林(はやし)「大丈夫？ 確かにあなたも悪いけど、先生の（　　　　）言い方はひどいと思わない？」

1　こんな　　2　あれ　　3　あんな　　4　こう

6　（電話で）

A「もしもし。今駅に着いたんだけど、どこにいる？」

B「ええと、『さくら堂』（　　　　）本屋、知ってる？ そこにいるよ。」

1　という　　2　と　　3　だって　　4　なんか

7　今日は卒業式なので祖母に買って（　　　　）スカーフをして行こう。

1　さしあげた　　2　くださった　　3　もらった　　4　くれた

8 A「青木君、机の資料、部長に渡してくれませんか。部長が（　　　　　）そうです。」

B「はい、分かりました。」

1 いたい　　2 いただきたい　　3 ご覧になりたい　　4 お聞きになりたい

9 弟「お兄さん、ここはさっき教えてくれたA数式だよね。」

兄「いや、違うよ。ここはB数式でしょう。さっき教えた（　　　　　）、もう忘れちゃったの？」

1 あとなのに　　2 ばかりなんだから

3 あとだから　　4 ばかりなのに

10 A「この小包み、わたしが（　　　　　）。

B「頼んでいいですか。じゃ、お願いします。」

1 出してきましょうか。　　2 出していきましょうか。

3 出したらいいですか。　　4 出さないといけませんか。

11 上田先生「あら、山下さん。お久しぶりです。」

山下「本当。お久しぶりです。いきなり駅前で先生に（　　　　　）とは思いませんでした。」

1 お見えになる　　2 拝見できる　　3 お目にかかる　　4 ご覧になる

12 最近、「熱がひどく（　　　　　）早めに病院に行きなさい。」と母にしつこく言われました。

1 なるあいだに　　2 ならないうちに　　3 ならないまえに　　4 なるころに

13 母「みちこ、あの人、内田君じゃない？」

娘「えっ、いや、内田君は大阪の祖母のうちに遊びにいくと言ったから、ここに（　　　　　）」

1 いるんじゃない　　2 いるはずかもしれない

3 いるはずがない　　4 いないはずがない

問題2　つぎの文の＿★＿に入れる最も よいものを、1・2・3・4から一つえらびなさい。

（問題例）

つくえの ＿＿＿ ＿＿＿ ＿★＿ ＿＿＿ あります。

1 が　　2 に　　3 上　　4 ペン

（解答のしかた）

1. 正しい答えはこうなります。

つくえの ＿＿＿ ＿＿＿ ＿★＿ ＿＿＿ あります。 3 上　2 に　4 ペン　1 が

2. ＿★＿に入る番号（ばんごう）を解答（かいとう）用紙にマークします。

（解答用紙）

(例)（れい）	①　②　③　●

14　この ＿＿＿ ＿＿＿ ＿★＿ ＿＿＿ います。

1　さまざまな　　2　技術が　　3　ロボットには　　4　使われて

15　今住んでいるアパートは線路（せんろ）の近くにあって、住みはじめたころは、電車の通る ＿＿＿ ＿＿＿ ＿★＿ ＿＿＿ が、すぐ気にならなくなった。

1　うるさいと　　2　こともあった　　3　音がして　　4　思った

16　（会社で）

A「最近仕事が多くて大変です。」

B「＿＿＿ ＿＿＿ ＿★＿ ＿＿＿。」

1　食事は　　2　忙しくても　　3　してください　　4　どんなに

17 息子は先月新しいパソコンを ＿＿＿ ＿＿＿ ＿★＿、＿＿＿ 別のものがほしいといっている。

1 ばかりな　　2 買った　　3 のに　　4 もう

18 （デパートで）

客「すみません。子ども服売り場はどこですか。」

店員「はい、3階の ＿＿＿ ＿＿＿ ＿★＿ ＿＿＿。」

1 ございます　　2 お手洗いの　　3 近く　　4 に

問題3　つぎの文章(ぶんしょう)を読んで、文章全体(ぶんしょうぜんたい)の内容(ないよう)を考えて、19 から 23 の中に入る最もよいものを、1・2・3・4から一つえらびなさい。

ごみの日

わたしの町では、月曜日と木曜日に「もえるごみ」を 19 。「もえるごみ」は スーパーでくれるふくろや包装紙(ほうそうし)、 20 肉やたまごのパックなどのことです。 これらがたまると大変なので、うちではなるべく減らそうとしています。うちだけでなく、「もえるごみ」を減らすために友達の家では、スーパーやコンビニに買い物に行くとき、買い物ぶくろを持っていって、みせのふくろはもらわないそうです。わたしもデパートで何 21 買ったとき、店員に「ふくろは要りません。」と言っています。これだけでも結構役に立つと母は言いました。

そして、「もえないごみ」は水曜日にだけ出すことができます。「もえないごみ」にはあきかんやびんなどがあります。それらは集めて工場でリサイクルして、もう一度使うことができます。そのために、きれいに洗って、分けて 22 。ごみはすててしまえばごみですが、リサイクルすればりっぱな 23 。

19

1　出すことができます　　2　捨てるはずです
3　出すことにします　　4　捨てるそうです

20

1　ところが　　2　まだ　　3　そして　　4　たとえば

21

1　も　　2　だけ　　3　より　　4　か

22

1　出してもいいです　　2　出さなくてはいけません
3　出そうと思っていました　　4　出さないようにしています

23

1　ごみになってしまうのです　　2　資源になりました
3　資源になります　　4　ごみになるそうです

問題4　つぎの(1)から(4)の文章を読んで、質問に答えなさい。答えは、1・2・3・4から最もよいものを一つえらびなさい。

（1）

これは、高橋が安田先生へ送ったメールである。

> 安田先生
>
> お世話になります。ゼミの４年の高橋です。
>
> 水曜日の先生のゼミについてなのですが、就職説明会と日程が重なってしまいました。今回は第一志望の会社なので、申し訳ありませんが、お休みさせていただきたいと思います。
>
> また、レポートは来週のゼミの時に提出してもよろしいでしょうか。
>
> お手数をおかけして申し訳ございませんが、よろしくお願いします。
>
> 経済学部経営学科４年　高橋和人

24　メールの内容と合っているものはどれか。

1　就職説明会の日程のお知らせ

2　ゼミを欠席することの連絡

3　レポートについての質問

4　希望の会社に内定したことの報告

（2）

これは、国際交流会館で行われる「ふるさと市（いち）」のお知らせである。

国際交流会館「ふるさと市（いち）」のお知らせ

今年もふるさと市（いち）を開催します！！

日時：11月10日（土曜日）

時間：午前9時 ～ 午後2時

【販売できるもの】

① 留学生のみなさんが、国から持ってきた本や服などで、必要なくなったもの

② 手作りのアクセサリー、絵、作品

※ 日本人の学生も参加できます。

※ 購入（こうにゅう）価格以上の値段で売ることは禁止です。

※ 食品の販売はできません。

たくさんのご参加をお待ちしています。

25 ふるさと市（いち）では何をするか。

1 さまざまな国からの留学生が、国の料理を作って売る。

2 留学生や日本人学生が自国のリサイクル品を販売する。

3 学生の手作りの商品をオークション形式で販売する。

4 各国の留学生が民族衣装を着て、文化交流をする。

（3）

わたしが会社を作ったのは３年前です。以前は建築会社の営業社員だったのですが、自分の会社を持って、自分の力を試してみたいという夢をかなえるために、会社を辞めました。今は小さなリフォーム会社の社長をしています。会社員の時代には大変だったことも、自分の責任で会社を動かしていると考えると、大変だとは感じません。わたしは、どんな仕事でも社会のためになる仕事がしたいと考えています。利益(りえき)のためだけでなく、社会のために働くこと、地域一番のリフォーム会社になることが今の目標です。

26　本文の内容と合っているものはどれか。

1 「わたし」は３年前に建築会社に就職しました。

2 「わたし」は前の仕事よりも、今の仕事のほうが大変だと感じます。

3 「わたし」は仕事を通じて社会の役に立ちたいと思っています。

4 「わたし」は会社のために働いて、将来は社長になりたいと思っています。

（4）

わたしの趣味は写真ですが、本格的なカメラを持っているわけではなく、携帯で撮っています。町で見つけた面白いものや、見た人がつい笑ってしまうような、そんな写真をよく撮っています。子どもや動物は、想像もしなかったような面白い写真が撮れることがあるので、よく撮ります。過去の記録（きろく）や思い出を残すために写真を撮る人も多いと思いますが、わたしは友達と一緒に笑うために写真を撮っているのです。

27　この文章を書いた人はどうして写真を撮るのか。

1　子どもの成長を記録するため

2　写真を撮ることが面白いから

3　写真展を開きたいから

4　友達と笑いを共有するため

問題5　つぎの(1)と(2)の文章を読んで、質問に答えなさい。答えは、1・2・3・4から最もよいものを一つえらびなさい。

（1）

先日、わたしが家を出ようとすると、母が「今日、天気予報で雨だって。これ、持っていきなさい」と、わたしに傘を渡そうとしましたが、わたしは要らないと言い、そのまま出かけました。外に出ると、空は曇っていて、今にも雨が降りそうでした。そして、すぐに激しい雨が降ってきて、かばんをかさ代わりにして待ち合わせの駅まで走って行ったのですが、あっという間に服がびしょびしょになってしまいました。玄関先での不満そうな母の顔が頭に浮かびました。

わたしは荷物が増えるのが好きではありません。それに、まだ起きていないことを心配するのも好きではありません。雨がすでに降っていれば、傘は当然差して行きますが、降っていなければ持って行きません。だから、旅行に行くときに、洋服を汚すかもしれないとか、ホテルのシャンプーが髪に合わないかもしれないとか、けがをするかもしれないとか、そういったことを先に心配して、あれこれ大きい荷物を持ってくる友人を不思議に感じるぐらいです。でも、その心配性のおかげで、友人のかばんの中にはいつもたくさんのものが入っているので、困ったときにみんなに頼りにされています。わたしも、友人のそんなところを見習わないといけないのかもしれません。

28 「わたし」が傘を要らないと言った理由は何か。

1 友人に借りればいいと思ったから

2 天気予報が当たらないと思っていたから

3 出るときには、雨が降っていなかったから

4 かばんの中にすでに入っていたから

29 不満そうな母の顔とあるが、母が不満そうな顔をしたのはなぜか。

1 天気が悪いのに「わたし」が出かけたから

2 「わたし」が母の助言（じょげん）を聞かなかったから

3 「わたし」が母と一緒に出かけなかったから

4 母は雨の日が好きではないから

30 そんなところとは、どんなところか。

1 心配性（しんぱいしょう）でいろんなものを持ち歩いているところ

2 やさしくて人を助けることが好きなところ

3 素直（すなお）で母の言うことをよく聞くところ

4 みんなのためによく働く頼りがいのあるところ

（2）

わたしたちの町はゴミのポイ捨てが多い。通学路（つうがくろ）の途中には空き缶やペットボトルがたくさん捨てられている。見た目も悪いし、嫌な臭いがする。拾っても拾っても、次々に捨てられる。そこで、わたしはこういったゴミをどうしたらなくすことができるか考えてみた。

最初に考えたのは、町にポスターを貼（は）ることだ。ポスターを通して、ポイ捨てをやめるように市民として呼びかけるのだ。しかし、ポイ捨てがいけないことだというのは、多分みんな頭では分かっていて、それでもしているのを見ると、これがいい方法かどうか分からない。次に、罰金（ばっきん）を払わせるという方法を考えた。それには、カメラで撮影しなければならない。しかし、多数のカメラを設置するには莫大（ばくだい）な金額が必要で、あまり現実的でない。

では、ゴミ箱の設置はどうだろう。近くにゴミ箱があれば、わざわざ道路にポイ捨てすることはあまり考えにくい。ゴミ箱が近くにあるだけで、ゴミのポイ捨てがかなり減るのではないだろうか。しかし、この方法にも問題はあり、＿＿＿＿＿＿がその一つだ。ゴミ箱を燃えるゴミとリサイクル用の２つを置けば解決するが、それでは数を増やすのが大変だ。もし、この案が何かで採用されるならば、このあたりが課題となるだろう。

31 いい方法かどうか分からないとあるが、それはなぜか。

1 ポスターを貼(は)るのに、時間やお金がかかるから
2 ポスターを貼(は)っても、あまり見る人がいないから
3 ポスターで呼びかけなくても、ポイ捨てはいけないと知っているから
4 ポスターを貼(は)る場所が、あまりないから

32 この文章を書いた人が考えた方法と合うものはどれか。

1 ゴミを持ち帰るための袋を配布すること
2 道にゴミを捨てないように監視員を配置すること
3 ゴミ拾いのボランティアを導入すること
4 ゴミを捨てた人に、お金を払わせること

33 ＿＿＿＿＿＿に入る言葉は何か。

1 費用をどうするか
2 分別をどうするか
3 数をどうするか
4 安全管理をどうするか

問題6　つぎの文章（ぶんしょう）を読んで、質問に答えなさい。答えは、1・2・3・4から一つ最もよいものをえらびなさい。

わたしは日本に来てもう３年たちます。わたしが日本に来たばかりのとき、困ったことがたくさんありました。

ある日、わたしは昼ごはんを食べるために一人で学校の近くの店に入りました。食べ終わって支払いをしようとすると、お金を忘れたことに気がつきました。しまった、と思い、店員さんを呼びましたが。「財布を忘れたので、支払いができません。すみませんが、明日お金を払わせてもらえませんか」と言いたかったのですが、言葉が出てきません。そこでわたしは困った顔をしながら「お金、ないです。明日、明日」と言いました。店員さんは理解してくれましたが、小さい子どもになったような気がして、本当に恥ずかしかったです。

また、こんなこともありました。学校からの帰りにバスを乗り間違えて、知らない場所に来てしまったのです。あたりはもう真っ暗で、ここはどこだろう、どうやって帰ろう、と思いながら歩いていると、幸い交ばんを見つけました。しかし、交ばんで何と言っていいのか分かりません。「どうしましたか。何かお困りですか」と聞かれ、ようやく「バスが…どこ…わたしの家…」と言うと、おまわりさんが「住所、分かりますか」と言うので、あわててわたしの住所を書いた紙を見せると、「大丈夫ですよ」と言って、わたしをパトカーに乗せて家まで送り届けてくれました。

それからも、たくさんの困ったことがありました。でも、そのたびに、いろんな人が助けてくれました。わたしはたくさんの人の優しさに支えられて生きているのだとありがたく思います。だから、わたしも人の役に立ちたいです。

34　この文章では何が原因で困ったことが書かれているか。

1　日本の文化が分からなかったこと

2　日本語ができなかったこと

3　日本人の友達がいなかったこと

4　まだ若かったこと

35　恥ずかしかったですとあるが、何が恥ずかしかったのか。

1　小さい子どもに笑われたこと

2　お金が足りなかったこと

3　言いたいことが店員に通じなかったこと

4　簡単な単語しか話せなかったこと

36　「バスが…どこ…わたしの家…」とあるが、本当は何と言いたかったのか。

1　バスがなくなったので、家に連れて行ってほしい。

2　バスを間違えたので、家への帰り方を教えてほしい。

3　家の場所が分からないので、わたしの家の住所を教えてほしい。

4　バスを降りる場所を間違えたので、家に連絡してほしい。

37　この文章の内容と合っているものはどれか。

1　「わたし」は日本に来たばかりで日本語が上手でない。

2　「わたし」は日本語の問題で困ったときは英語で話す。

3　「わたし」は助けてくれたたくさんの人に感謝している。

4　「わたし」は日本語の勉強をしなかったことを後悔している。

問題7　右のページは、「サマーキャンプ募集」の案内である。これを読んで、下の質問に答えなさい。答えは、1・2・3・4から最もよいものを一つえらびなさい。

38　このキャンプが条件に合う人は何人いるか。

A　アリさん	B　キムさん
a　日本の大学に在学中 b　日本人だけでなく、たくさんの国の友達を作りたい c　社会人の友人と一緒に参加できるキャンプを探している	a　韓国の大学に在学中 b　夏休みに日本に行って、日本の友達を作りたい c　大学生が多く参加するキャンプを探している
C　広田（ひろだ）さん	D　長野（ながの）さん
a　大学１年生 b　英語だけの環境の中で英語の会話力をのばしたい c　３泊４日で参加できるキャンプを探している	a　高校２年生 b　いろんな価値観（かちかん）を持った人たちと交流したい c　３万円以内で行けるキャンプを探している

1　0人

2　1人

3　2人

4　3人

39　このキャンプについて正しいものはどれか。

1　夏休みにみんなで勉強をするためのキャンプである。

2　募集の人数は特に決まっていない。

3　８月３日にキャンセルした場合、キャンセル料はかからない。

4　参加費を振り込むと、案内のパンフレットをもらうことができる。

サマーキャンプ募集

ワールドサマーキャンプは、日本の高校生や大学生が、世界各地からの留学生と共に過ごすことで、お互いの文化や価値観を知り、共有することを目的としています。夏休みは勉強などで忙しい時期だと思いますが、国際交流はもちろん、学校だけでは出会えない、多くの友達ができ、想像以上の楽しさです。友達・兄弟を誘っての参加も大歓迎です。みなさまの参加を心よりお待ちしています。

【募集要項】

日程：８月９日（火）～８月12日（金）
会場：青少年の家
募集対象：国内在住 の大学生、高校生、留学生（国籍は問いません）
　　　　　異文化交流に興味と意欲を持っている方
参加費：30,000円（参加費、交通費、国内旅行保険を含む）
募集締切：定員になりしだい終了

【キャンセル料】

１週間前まで	なし
３日前まで	50％
前日・当日	全額

【お問い合わせ】

TEL：03 - 6206 - 1915（平日9：00～17：00）

【参加までの流れ】

① お電話でお申し込みをします。
② 指定口座へのお振込みをします。
③ お支払いが確認できしだい、パンフレットを送付します。

※ 参加費は出発の10日前までにお振込みください。

N3

聴解(ちょうかい)

(40分)

注　意
Notes

1. 試験が始まるまで、この問題用紙を開けないでください。
   Do not open this question booklet until the test begins.

2. この問題用紙を持って帰ることはできません。
   Do not take this question booklet with you after the test.

3. 受験番号(じゅけんばんごう)と名前を下の欄(らん)に、受験票(じゅけんひょう)と同じように書(か)いてください。
   Write your examinee registration number and name clearly in each box below as written on your test voucher.

4. この問題用紙は、全部(ぜんぶ)で１３ページあります。
   This question booklet has 13 pages.

5. この問題用紙にメモをとってもいいです。
   You may make notes in this question booklet.

受験番号(じゅけんばんごう)　Examinee Registration Number	

名 前　Name	

問題 1

問題１では、まず質問を聞いてください。それから話を聞いて、問題用紙の１から４の中から、最もよいものを一つえらんでください。

れい

1　8時45分

2　9時

3　9時15分

4　9時30分

1 ばん

1 箱を教室に運ぶ
2 部活に行く
3 箱の数を確認する
4 教室の窓を閉める

2 ばん

1 布の白いリュック
2 革の茶色いリュック
3 革の黒いリュック
4 布の黒いリュック

3ばん

1 食券を買う

2 店員にお金を払う

3 お金を両替する

4 銀行に行く

4ばん

1 都心のマンション

2 郊外のマンション

3 都心のアパート

4 郊外のアパート

5 ばん

1 病院に行く
2 薬を飲む
3 会社で休む
4 家に帰る

6 ばん

1 お弁当の材料を買う
2 お弁当を作る
3 お菓子を買う
4 洗濯をする

問題 2

問題 2 では、まず質問を聞いてください。そのあと、問題用紙を見てください。読む時間があります。それから話を聞いて、問題用紙の 1 から 4 の中から、最もよいものを一つえらんでください。

れい

1 いそがしくて時間がないから
2 料理がにがてだから
3 ざいりょうがあまってしまうから
4 いっしょに食べる人がいないから

1ばん

1 日本円（にほんえん）をドルに換（か）えたい

2 日本円（にほんえん）をユーロに換（か）えたい

3 ドルを日本円（にほんえん）に換（か）えたい

4 ユーロを日本円（にほんえん）に換（か）えたい

2ばん

1 会社（かいしゃ）の商品（しょうひん）が売（う）れているから

2 新（あたら）しい商品（しょうひん）を考（かんが）えなければならないから

3 山田（やまだ）さんの仕事（しごと）もしているから

4 後輩（こうはい）が仕事（しごと）でミスをしたから

3ばん

1 チケットが高いから

2 チケットが取れないから

3 コンサートの場所が遠いから

4 ＤＶＤのほうがよく見えるから

4ばん

1 新聞記者になるため

2 大学院に入るため

3 医者になるため

4 弁護士になるため

5ばん

1 絵

2 野球

3 水泳

4 絵と水泳

6ばん

1 クラス会の連絡をするため

2 仕事を紹介するため

3 久しぶりに話がしたかったから

4 映画に誘うため

問題 3

問題3では、問題用紙に何もいんさつされていません。この問題は、ぜんたいとしてどんなないようかを聞く問題です。話の前に質問はありません。まず話を聞いてください。それから、質問とせんたくしを聞いて、1から4の中から、最もよいものを一つえらんでください。

－ メモ －

問題4

問題4では、えを見ながら質問を聞いてください。やじるし(➡)の人は何と言いますか。1から3の中から、最もよいものを一つえらんでください。

れい

1ばん

2ばん

3ばん

4ばん

問題5

問題5では、問題用紙に何もいんさつされていません。まず文を聞いてください。それから、そのへんじを聞いて、1から3の中から、最もよいものを一つえらんでください。

ーメモー

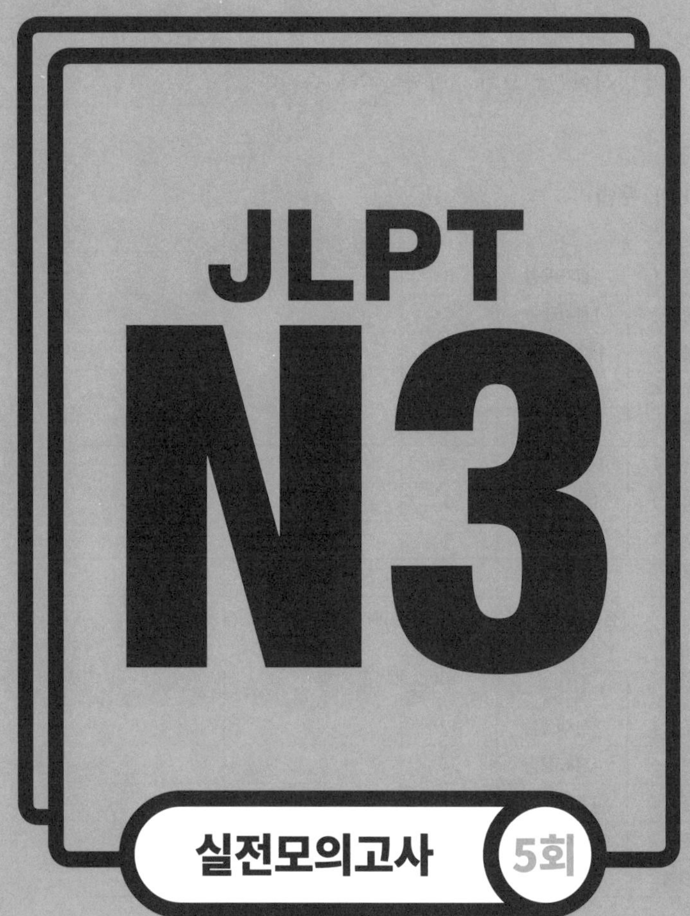
JLPT
N3
실전모의고사
5회

실전모의고사 채점표

자신의 실력이 어느 정도인지 확인할 수 있도록 임의적으로 만든 채점표입니다.
실제 시험은 상대 평가 방식이므로 오차가 발생할 수 있습니다.

언어지식 (문자・어휘・문법)

	5회	배점	만점	정답 문항 수	점수
문자・어휘	문제 1	1점×8문항	8		
	문제 2	1점×6문항	6		
	문제 3	1점×11문항	11		
	문제 4	1점×5문항	5		
	문제 5	1점×5문항	5		
문법	문제 1	1점×13문항	13		
	문제 2	1점×5문항	5		
	문제 3	1점×5문항	5		
합계			58점		

***점수 계산법** : 언어지식(문자・어휘・문법) [ ]점÷58×60 = [ ]점

독해

	5회	배점	만점	정답 문항 수	점수
독해	문제 4	3점×4문항	12		
	문제 5	4점×6문항	24		
	문제 6	4점×4문항	16		
	문제 7	4점×2문항	8		
합계			60점		

청해

	5회	배점	만점	정답 문항 수	점수
청해	문제 1	2점×6문항	12		
	문제 2	2점×6문항	12		
	문제 3	3점×3문항	9		
	문제 4	2점×4문항	8		
	문제 5	2점×9문항	18		
합계			59점		

*점수 계산법 : 청해 [ ]점÷59×60 = [ ]점

N3

げんごちしき（もじ・ごい）

（30ぷん）

ちゅうい
Notes

1. しけんが　はじまるまで、この　もんだいようしを　あけないで　ください。
   Do not open this question booklet until the test begins.

2. この　もんだいようしを　もって　かえる　ことは　できません。
   Do not take this question booklet with you after the test.

3. じゅけんばんごうと　なまえを　したの　らんに、じゅけんひょうと　おなじように　かいて　ください。
   Write your examinee registration number and name clearly in each box below as written on your test voucher.

4. この　もんだいようしは、ぜんぶで　7ページ　あります。
   This question booklet has 7 pages.

5. もんだいには　かいとうばんごうの 1 、 2 、 3 …が　ついて　います。かいとうは、かいとうようしに　ある　おなじ　ばんごうの　ところに　マークして　ください。
   One of the row numbers 1, 2, 3 … is given for each question. Mark your answer in the same row of the answer sheet.

じゅけんばんごう　Examinee Registration Number	

なまえ　Name	

問題1　＿＿＿＿のことばの読み方として最もよいものを、1・2・3・4から一つえらびなさい。

1　毎日犬のシートを変えるのは面倒です。

1 めんどう　2 めんとう　3 めいどう　4 めいとう

2　会議が終わったら、電気を消してください。

1 うつして　2 しめして　3 さして　4 けして

3　応援するために、かるく肩をたたいてあげました。

1 あき　2 かた　3 あくび　4 いき

4　妹はしょうらい偉い人になりたいそうです。

1 えらい　2 にがい　3 いい　4 ありがたい

5　友人に子どもが生まれて、お祝いのプレゼントを買いました。

1 おさいわい　2 おねがい　3 おいわい　4 おしまい

6　自然環境を求めてこの町に来ました。

1 もとめて　2 みとめて　3 まとめて　4 つとめて

7　最近うちの近くで大きい事件がよく起きます。

1 じじょう　2 じこ　3 じけん　4 じたい

8　10年後、この会社で成功したいです。

1 じっこう　2 じょうこ　3 せいこう　4 せんこう

問題２　＿＿＿＿のことばを漢字で書くとき、最もよいものを、１・２・３・４から一つえらびなさい。

9　新商品のこうこくは人気をあつめている。

1　広告　　2　公伝　　3　拾告　　4　宣伝

10　レストランのメニューにきんがくが書いていません。

1　金須　　2　金頭　　3　金額　　4　金顔

11　彼の音楽を聞くといつもねむくなります。

1　疲く　　2　寝く　　3　眼く　　4　眠く

12　この写真集にはふしぎな動物がいっぱいのっている。

1　不思疑　　2　不思擬　　3　不思義　　4　不思議

13　子どもが花びんをつよくなげました。

1　投げました　　2　曲げました　　3　割げました　　4　払げました

14　もう一度きかいをあたえたいです。

1　機械　　2　機会　　3　期回　　4　期会

5
회

問題3　（　　　　）に入れるのに最もよいものを、1・2・3・4から一つえらびなさい。

15　この薬には、頭痛に特によく（　　　　）成分が入っています。

1　聞く　2　効く　3　解く　4　書く

16　近所の公園を通りたいんですが、道が（　　　　）車は通れません。

1　こまかくて　2　ひろくて　3　ほそくて　4　ちいさくて

17　どんなに大変でも、先生になるという夢は（　　　　）ください。

1　とめないで　2　やめないで
3　うんざりしないで　4　あきらめないで

18　この町は海に近く、外国との（　　　　）によって発展してきたそうです。

1　貿易　2　交通　3　環境　4　留学

19　多くの学生と両親から（　　　　）される教師になりたいと思っています。

1　尊敬　2　反対　3　参加　4　賛成

20　面接試験でいい印象を（　　　　）ためには、表情も服も重要です。

1　あげる　2　うける　3　くれる　4　あたえる

21　最近目が悪くなってきたのは、年を（　　　　）せいであると思う。

1　過ぎた　2　取った　3　明けた　4　食べた

22　火を消すのを忘れていたので、やいていた魚が（　　　　）しまった.

1　こわれて　2　かれて　3　こげて　4　とけて

23　資料が（　　　　）にならないようにクリップをつけました。

1　ばらばら　2　うきうき　3　にこにこ　4　はらはら

24 入り口で発表会の（　　　　　）を受け取ったら席にお座りください。

1 ノック　　2 マンション　　3 パスポート　　4 パンフレット

25 わたしはすっぱいものが（　　　　　）なので、みかんはあまり食べません。

1 清潔　　2 苦手　　3 上手　　4 頑丈

問題4　＿＿＿＿＿に意味が最も近いものを、1・2・3・4から一つえらびなさい。

26　このサイトは旅行<u>プラン</u>を立てるのにとても便利です。

1　意見　　2　理由　　3　計画　　4　決まり

27　明日大事な試験があるので、本田(ほんだ)さんは<u>おそらく</u>パーティーに出席しないだろう。

1　たしかに　　2　たぶん　　3　たとえ　　4　もちろん

28　急に必要となったので、友達に<u>しゃっきんをしました</u>。

1　お金を貸しました　　2　お金をあげました

3　お金を借りました　　4　お金をもらいました。

29　昨日買ってきた牛乳を飲みやすくするために<u>温めました</u>。

1　味をあまくしました　　2　味をにがくしました

3　温度をひくくしました　　4　温度を高くしました

30　昨日はやることがなくてとても<u>つまらない</u>一日だった。

1　おもしろい　　2　たのしい

3　かなしい　　4　たいくつな

問題5　つぎのことばの使い方として最もよいものを、1・2・3・4から一つえらびなさい。

31　中身

1　図書館は小学校の中身に位置しています。

2　母には中身で父と映画を見に行ってきました。

3　台風は山の中身地位まで影響(えいきょう)を与(あた)えた。

4　あの箱の中身が何か知っていますか。

32　仲直り

1　先日出したレポートの日本語を仲直りしてもらった。

2　テレビの画面がでないので、仲直りしてください。

3　手にけがをしたので、病院に行って医者に仲直りしてもらった。

4　友達とけんかをしてしまったので、謝って仲直りしたい。

33　囲む

1　人間はコンピューターに囲まれて他人とあまり話さなくなっている。

2　カメラを囲んで見ると、ものが違って見えるときがあります。

3　母の誕生日プレゼントを店員にきれいに囲みくれるように頼みました。

4　来年の予算は2おくえんを囲むと言われています。

34 立派

1 彼女は目立つことが好きで、いつも立派な服を着ている。

2 最近国際交流もだんだん立派になっている。

3 時間がすぎてパーティーはだんだん立派になってきった。

4 彼は確かに立派な人だと思うけど、今回のことに関してだけは間違っていると思う。

35 ふせぐ

1 全部食べ終わったお皿は店員に頼んでふせいでもらいました。

2 現在のわたしたちにとって、もっとも重要なことは地球環境をふせぐことです。

3 この道路でよく起きる交通事故をふせぐために地域の代表が集まって話し合いをしている。

4 子どもが近くでふせいでいるのかうるさくて昼寝（ひるね）ができない。

N3

言語知識（文法）・読解

（70分）

注　意
Notes

1. 試験が始まるまで、この問題用紙を開けないでください。
   Do not open this question booklet until the test begins.

2. この問題用紙を持って帰ることはできません。
   Do not take this question booklet with you after the test.

3. 受験番号と名前を下の欄に、受験票と同じように書いてください。
   Write your examinee registration number and name clearly in each box below as written on your test voucher.

4. この問題用紙は、全部で１８ページあります。
   This question booklet has 18 pages.

5. 問題には解答番号の 1 、 2 、 3 …が付いています。解答は、解答用紙にある同じ番号のところにマークしてください。
   One of the row numbers 1, 2, 3 … is given for each question. Mark your answer in the same row of the answer sheet.

受験番号　Examinee Registration Number	

名　前　Name	

問題1　つぎの文の（　　　　）に入れるのに最もよいものを、1・2・3・4から一つえらびなさい。

1　奥さんがやせたほうがいいと何度も言いましたが、田中（たなか）さんは（　　　　）心配していませんでした。

1 必ず　2 非常に　3 かえって　4 あまり

2　鈴木（すずき）さんは仕事の時間が変わってから、夜遅く食事をする（　　　　）なって1年で10キロも太りました。

1 ために　2 ように　3 うちに　4 あいだに

3　A町の図書館には、本（　　　　）、雑誌やCDなどもおいてある。

1 によって　2 に比べて　3 のことで　4 のほかに

4　わたしは明日から仕事で役に立つ話し方が学べる学校に通う（　　　　）と決めました。

1 ようになる　2 ことになる　3 ことにする　4 ことがある

5　もしあなたが（　　　　）、わたしも一緒に歌います。

1 歌いながら　2 歌ったら　3 歌っても　4 歌うと

6　（道で）

A「明日、息子さんとうちに遊びに来ませんか。」

B「ありがとうございます。何時（　　　　）がいいですか。」

1 しか　2 だけ　3 ごろ　4 ばかり

7　今朝の天気予報によると今年の冬は去年の冬よりあまり（　　　　）です。

1 寒くならないそう　2 寒くなるらしい

3 寒いらしい　4 寒くするそう

8　（学校で）

学生「先生、先に出したレポートを（　　　　　）。」

先生「あ、あの説明じゃちょっと分かりにくいな。」

学生「では、もう一度書いてきます。」

1　読んでいただけましたか　　　2　お読みしましたか

3　拝見しましたか　　　4　うかがいましたか

9　A「あのう、すみません、何か書くものを貸してくれませんか。」

B「こんなボールペンで（　　　　　）どうぞ。」

1　いいと　　2　よくても　　3　いいなら　　4　よければ

10　お母さんは、前からフランスに（　　　　　）と言ってたので今回一緒に旅行するつもりです。

1　行きたがる　　2　ほしがる　　3　行きたい　　4　ほしかった

11　A「東京(とうきょう)銀行の山下(やました)と申しますが、山本(やまもと)課長は（　　　　　）。」

B「お約束ですか。」

1　おりますか　　　2　ご覧になりますか。

3　まいりますか　　　4　いらっしゃいますか

12　最低限(さいていげん)のコミュニケーションの技術(ぎじゅつ)は強制的にでも子どもに（　　　　　）と思う。

1　覚えるようになれる　　　2　覚えさせなければならない

3　覚えさせられなければならない　　　4　覚えられるようにさせる

13　やせるために朝ごはんをたくさん食べ、晩ごはんは少なくしたり、野菜を多くして、肉はなるべく（　　　　　）います。

1　食べるようになって　　　2　食べられるようになって

3　食べるようにして　　　4　食べないようにして

問題2　つぎの文の＿★＿に入れる最もよいものを、1・2・3・4から一つえらびなさい。

（問題例）

つくえの ＿＿＿ ＿＿＿ ＿★＿ ＿＿＿ あります。

1 が　　2 に　　3 上　　4 ペン

（解答のしかた）

1. 正しい答えはこうなります。

つくえの ＿＿＿ ＿＿＿ ＿★＿ ＿＿＿ あります。 3 上　2 に　4 ペン　1 が

2. ＿★＿に入る番号(ばんごう)を解答(かいとう)用紙にマークします。

（解答用紙）

(例)(れい)	① ② ③ ●

---

14 清水(しみず)さんは旅行に ＿＿＿ ＿＿＿ ＿★＿ ＿＿＿ くれる。

1 おみやげを　　2 買ってきて　　3 たびに　　4 行く

15 （電話で）

A「もしもし、みほ、ごめん。 ＿＿＿ ＿＿＿ ＿★＿ ＿＿＿ 進まない。
約束時間に結構(けっこう)遅れそう。」

B「あ、そう。分かった。」

1 道が渋滞していて　　2 全然前に

3 車が　　4 工事のせいで

16 もう少しお金が ＿＿＿ ＿＿＿ ＿★＿ ＿＿＿ 思います。

1 行こう　2 世界旅行に　3 と　4 たまったら

17 休みの日は、出かけて友達と食事をしたり映画を ＿＿＿ ＿＿＿、＿★＿ ＿＿＿ 一日中家ですごしています。

1 か　2 見にいったりする

3 どこにも出かけずに　4 または

18 今回の彼の新作は、友情がテーマになっている ＿＿＿ ＿＿＿ ＿★＿ ＿＿＿ 大きく違う。

1 発表されてきた　2 という点で

3 彼の作品とは　4 これまでに

問題３　つぎの文章を読んで、文章全体の内容を考えて、[19] から [23] の中に入る最もよいものを、1・2・3・4から一つえらびなさい。

日本の電車

日本では電車は、「快速」「急行」「各駅」などに分けられています。でも、日本で、はじめて電車に乗ったとき、わたしはその言葉の意味がまだ分かりませんでした。それで、電車を分けずに [19]。

あさ、出勤するとき、ホームの決められた場所でよく見ないで来た電車にそのまま乗りました。それでも目的したところにきちんと着きました。[20]、夕方帰宅するときは、わたしが降りる駅に止まらず過ぎていってしまいました。

その日の夜、友達は止まる駅が一番少ないのは「快速」、その次は「急行」、すべての駅にとまるのが「各駅」だと説明してくれました。電車の中には追加料金をもらう電車 [21] あるそうです。でも、それを理解してうまく使えば、通勤時間が短くできるということが分かりました。

今はもう慣れて、うまく [22]。が、それでも時々急いでいるときは間違えて [23]。

19

1 乗ってしまったのです

2 乗ってしまったからです

3 乗ってしまったかもしれません

4 乗ってしまったからかもしれません

20

1 また　　2 たとえば　　3 それに　　4 ところが

21

1 も　　2 と　　3 だけ　　4 より

22

1 使えることになりました

2 使えるようになりました

3 使おうと思っています

4 使えるだろうと思います

23

1 乗るだろうと思います

2 乗ったのでしょうか

3 乗ったことがあります

4 乗ったりしています

問題4　つぎの(1)から(4)の文章を読んで、質問に答えなさい。答えは、1・2・3・4から最もよいものを一つえらびなさい。

（1）

これは、山根部長が部下へ送ったメールである。

プレゼンテーション準備の件

先日のプレゼンテーション、お疲れ様でした。

よかった点、また、気になった点がありましたので、次回のために、参考にしてください。

よかった点は声の大きさと、話すときの態度です。コミュニケーションがよく取れていて、取引先も興味を持って聞いてくれていました。ただ、資料の量は調節が必要です。情報が多すぎて、逆にポイントが分かりにくくなっていました。

全体的にはよかったと思いますので、この調子で次回も頑張ってください。

山根

24　部下が直さなければならない点は何か。

1　相手に分かりやすいように大きな声で話すこと

2　資料を減らして、ポイントを明確にすること

3　もっと写真などを多く入れて、見やすい資料にすること

4　相手ともっと積極的なコミュニケーションをとること

（2）

これはバレーボールのメンバー募集の広告である。

メンバー募集

湘南クラブでは一緒にバレーボールをする仲間を募集しています。

3ヵ月後の試合に出てくれるメンバーが足りなくて困っています。

わたしたちに力を貸してください！

練習日：毎週水曜日・土曜日

場所：梅が丘小学校　体育館

会費：月1,000円

試合前なので休まず参加できる、やる気のある方。

経験者の方なら週末だけでもかまいません。

初めての方もやさしいコーチが一からていねいに教えます。

ご希望の方はまずはお気軽に見学に来てください。

ご連絡をお待ちしています。

25　このクラブでは、どんな人を募集しているか。

1　未経験者で、練習に必ず参加できる人

2　経験者で、バレーボールを教えることができる人

3　未経験者で、土曜日だけ練習に参加できる人

4　バレーボールが上手で試合だけでも出れる人

（3）

今年70になる母を見ていて、いつもすごいなあと思うことがあります。飛行機や電車の中で隣に座った人や、スーパーでちょっと立ち話をした人など、短い時間でも誰とでもすぐに仲良くなってしまうことです。それも、同年代の人だけでなく、40代でも30代でも関係ありません。母に「コツ」を聞くと、あまり年齢は考えないで、自分のほうから積極的に話しかけて、相手に興味を持つことかしらね、と答えてくれました。

26 すごいなあと思うことがありますとあるが、それは何か。

1 スーパーで安い品物を見つけること

2 どこへでも、積極的に旅行に行くこと

3 すぐに誰とでも親しくなること

4 どんなことにでも興味を持つこと

（4）

昨日、学校の帰りに、ある小さな個人商店で飲み物を買いました。それは５つの飲み物が１パックになっているものです。とてものどが渇いていたので、すぐに１つ飲んだのですが、家に帰ってから、もう１つ飲もうとしたとき、賞味期限（しょうみきげん）が５日も過ぎていることに気がつきました。お腹を壊さないかと心配しながら、残りの４つを持ってお店に行きました。お店の人は棚の中から新しい商品を取り出し、わたしにくれました。

27 お店に行きましたとあるが、なぜお店に行ったのか。

1 のどが渇いたので、飲み物を買うために行った。

2 お店の商品でお腹を壊したので文句を言いに行った。

3 お店で買った商品が古かったので新しいものに交換しに行った。

4 お店で買った商品の数が足りなかったのでもらいに行った。

問題５　つぎの（１）と（２）の文章を読んで、質問に答えなさい。答えは、１・２・３・４から最もよいものを一つえらびなさい。

（1）

　わたしが初めて台湾を訪れたとき、季節は夏でとにかく暑かった。ファンだった歌手の握手会があると聞き、すぐに飛行機のチケットを取ったのだ。当日、会場に少し早く着きすぎてしまったわたしは、何をして時間をつぶそうかと考えた。おいしい料理やスイーツもいいと思ったが、台湾に来たら一度行ってみたい場所があった。それはある映画の舞台となった場所で、景色が非常に美しく、ぜひそこで記念撮影をしたいと思った。幸い何とか歩ける距離だったので、地図を片手にわたしは歩き始めた。

　しかし、思った以上の暑さで持っていた水はすぐになくなった。道もよく分からない。本当にたどり着けるのかと＿＿＿＿＿＿歩いていると、小さな会社の前を通りかかった。たまたま人がいたので、地図を指差しながら、「ここに行きたい」と下手な中国語で話すと、ここをまっすぐ行くと、丘があるからそこを登ると一番上にある、と教えてくれた。

　わたしは暑さで倒れそうになりながらひたすら歩いた。そして、坂の入り口まで来ると、なぜか、さっきの人がバイクを止めて立っていた。そしてわたしの姿を見つけると、この坂は歩いて登るのは大変だから、と言い、わたしを乗せてくれたのだ。わたしはとても感動して、お礼を言った。<u>このこと</u>は今でもずっと忘れられない思い出だ。

28 「わたし」が台湾（たいわん）に行った目的は何か。

1 好きな歌手のイベントに参加するため

2 おいしい料理やスイーツを食べるため

3 映画の舞台で写真を撮るため

4 実際に中国語を使ってみるため

29 ＿＿＿＿＿＿に入ることばとして適切なものは何か。

1 感動しながら

2 わくわくしながら

3 店を探しながら

4 不安になりながら

30 このこととはどんなことか。

1 気温がとても高く、つらかったこと

2 美しい景色の前で写真を撮ったこと

3 現地の人が親切にしてくれたこと

4 わたしの中国語が通じたこと

（2）

わたしの先生は物を大切にする人です。穴のあいたくつ下はていねいに直してはき、何年も同じ服を大切に着ます。先生のだんなさんも同じように物を大切にする人だそうです。

ある日二人で、お金をおろしに銀行へ行った帰り，後ろから来た男にいきなりお金の入った封筒を奪われてしまったことがあったそうです。中には数百万円もの大金が入っていました。あわてて交番に届けに行ったのですが、二人の着ているものがあまりにも質素だったので、「そんな大金を持っていたはずがない」と、おまわりさんに信じてもらえなかったそうです。

このおまわりさんのような人は多いと思います。人が人を判断するとき、持っているものや着ている服、家庭の環境、学歴、成績などでその価値を判断することがよくあると思います。でも、わたしは、できることが多い人や持っている物が多い人が偉いわけではないと思っています。だから、そういうことで人に対する態度を変える人はあまり心がきれいではないと思います。誰にでも変わらず接することのできる、暖かい心を持った人が本当に価値のある人なのではないでしょうか。

31 二人の身なりがあまりにも質素(しっそ)だったのはなぜか。

1 着るものに興味がないから

2 新しい服を買うお金がないから

3 同じ服を大事に着続けていたから

4 男に服を盗まれてしまったから

32 このおまわりさんのような人とはどんな人か。

1 自分の仕事をきちんとしない人

2 すぐに嘘をつく人

3 人の話を信じない人

4 人を外見で判断する人

33 この文章を書いた人の考えと合っているものはどれか。

1 人の価値は心で決まる。

2 価値のない人間はいない。

3 家庭環境は大事である。

4 収入と学歴(がくれき)は関係がない。

問題６　つぎの文章を読んで、質問に答えなさい。答えは、１・２・３・４から一つ最もよいものをえらびなさい。

飛行機の中で具合が悪くなる人は、１つの航空会社だけでも、毎年２００人を超えます。

５～６年前、国際線の飛行機に乗ったときのことです。乗務員さんが「お客様の中に、お医者様はいらっしゃいませんか。」と言いながら、席を回っていました。しかし、誰も手を上げる人がいませんでした。それは、そのとき本当に医者がいなかったからかもしれません。でも、ひょっとしたら、乗っていても名乗り出なかっただけかもしれません。

わたしの知り合いに医者がいます。医者はいつでも人を助けたいという気持ちを持っているそうですが、それでも飛行機で名乗り出るには少し迷うそうです。それは、飛行機の中の医療機器がきちんと揃っていないからです。患者を診るための機器が十分でないので、正しく診断することもできないし、正しく処置をすることも難しいのです。そして、十分な医療行為ができないまま、亡くなってしまった場合、または悪化してしまった場合、その医者が訴えられる可能性もあります。医者にとっても難しい選択なのです。また、わたしたちの立場から考えても、「わたしは医者です」と言って出てきた人が、本当に医者かどうかを確認することができないのは、恐ろしいことだと思います。

最近、航空会社への医者の登録制度ができたそうです。これによって、事前に飛行機の中に医者がいるかどうかが分かっている状態になりました。でも、日本に30万人いる医者の中で、この制度に登録している医者は6,０００人で、あまり多いとはいえません。それは、先ほど述べた問題が一番大きな原因です。

今後、この問題が解決して、登録する医者が増えれば、より安心して飛行機に乗ることができるようになるかもしれません。ただ、何よりも重要なことは、海外旅行をしたり、用事があって飛行機に乗るときなどに、自分の体調をよく見極めることだと思います。ときにはキャンセルしたり、延期したりすることも必要です。自分の体は自分が守るという気持ちが大事だと思います。

34 乗っていても名乗り出なかっただけかもしれませんとあるが、この文章を書いた人はなぜそう考えるのか。

1 医者も、お金をもらわないで働きたくないだろうから

2 施設の整っていない飛行機で患者を診るのはリスクがあるから

3 本物の医者かどうか疑われるのが嫌だと思うから

4 旅行中に仕事をするのは面倒だと思うから

35 医者の登録制度ができたことによって、どんな問題が解決するか。

1 飛行機の中で高度な医療行為をすることができる。

2 病人が発生してから医者を探す必要がなくなる。

3 いつでも安心して飛行機に乗ることができる。

4 飛行機の中に必ず医者が乗るようになる。

36 登録する医者を増やすためにはどうしたらいいと言っているか。

1 登録制度を簡単にする。

2 患者を診察した医者にお金を払う。

3 患者を正しく見るための施設を整える。

4 登録した医者の飛行機代を無料にする。

37 この文章を書いた人が一番大切だと思っていることは何か。

1 飛行機に乗る人自身が自分の健康状態を知って判断すること

2 より多くの医者が登録制度に参加すること

3 医者が人を助けたいという気持ちをもっと強く持つこと

4 飛行機の中で具合が悪くなったら、すぐに乗務員に伝えること

問題7　右のページは、大学の大学会館に掲示された「アルバイトの求人広告」である。これを読んで、下の質問に答えなさい。答えは、1・2・3・4から最もよいものを一つえらびなさい。

38　大学生のひろこさんは、子どもや動物が好きで、どちらかに関わるアルバイトがしたいと思っている。動物に関する専門知識はない。学校があるので、週に２、３回を希望。パソコンのスキルはない。ひろこさんの条件に合うアルバイトはどれか。

1　①　　2　②　　3　③　　4　④

39　掲示された求人広告に応募したい場合、学生はまず、何をしなければならないか。

1　学生会館に連絡をして、企業などに連絡を取ってもらう。
2　アルバイトを希望する企業などに自分で連絡を取る。
3　学生会館で、雇用契約書（こようけいやくしょ）を発行してもらう。
4　アルバイトを希望する企業に、履歴書（りれきしょ）を送る。

◉　アルバイト①　ペットショップ

・仕事内容：接客、清掃、散歩などのペットのお世話
・時給：950円
・土日できる方大歓迎
・週４日、５時間以上できる方

◉　アルバイト②　塾の講師

・仕事内容：小学生の算数、国語の指導
・時給：1,500円
・週３回、１回60分

◉　アルバイト③　動物病院

・仕事内容：動物病院の受付、清掃
・時給：800円
・週１回から可能
・ワード、エクセルできる方
・未経験者可能

◉　アルバイト④　ペンション

・仕事内容：ペンション内のレストランで調理補助
・時給：1,050円
・１日８時間労働
・施設内の寮に住み込みで働きます。光熱費、食費は無料です。

ー　学生のみなさんへ　ー

・大学会館事務所は大学より、アルバイトの求人情報の掲示を委託されています。
・希望するアルバイトがある場合は、自分で直接連絡をしてください。
・採用された場合は、必ず雇用契約書をもらってください。ない場合の契約はしないでください。
・採用後に、大学１階の大学会館まで、ご連絡お願いします。

N3

聴解

（40分）

注　意
Notes

1. 試験が始まるまで、この問題用紙を開けないでください。
   Do not open this question booklet until the test begins.

2. この問題用紙を持って帰ることはできません。
   Do not take this question booklet with you after the test.

3. 受験番号と名前を下の欄に、受験票と同じように書いてください。
   Write your examinee registration number and name clearly in each box below as written on your test voucher.

4. この問題用紙は、全部で１３ページあります。
   This question booklet has 13 pages.

5. この問題用紙にメモをとってもいいです。
   You may make notes in this question booklet.

受験番号 Examinee Registration Number	

名前 Name	

問題 1

問題1では、まず質問を聞いてください。それから話を聞いて、問題用紙の1から4の中から、最もよいものを一つえらんでください。

れい

1　8時45分

2　9時

3　9時15分

4　9時30分

1ばん

1 配達(はいたつ)を頼(たの)む

2 外食(がいしょく)をする

3 料理教室(りょうりきょうしつ)に行(い)く

4 コンビニのお弁当(べんとう)を食(た)べる

2ばん

1 ボールペンを交換(こうかん)する

2 ボールペンを修理(しゅうり)する

3 違(ちが)うデザインのものを買(か)う

4 お金(かね)を返(かえ)してもらう

3ばん

1 ビール

2 ジュース

3 ピザ

4 お菓子

4ばん

1 Sサイズを買う

2 他のワンピースを買う

3 試着してから決める

4 何も買わない

5 ばん

1 肉(にく)

2 テント

3 食器(しょっき)

4 車(くるま)

6 ばん

1

2

3

4

問題 2

問題 2 では、まず質問を聞いてください。そのあと、問題用紙を見てください。読む時間があります。それから話を聞いて、問題用紙の 1 から 4 の中から、最もよいものを一つえらんでください。

れい

1 いそがしくて時間がないから

2 料理がにがてだから

3 ざいりょうがあまってしまうから

4 いっしょに食べる人がいないから

1ばん

1 サークルが遅く終わったから

2 電車の事故があったから

3 バスが渋滞していたから

4 友達とご飯を食べていたから

2ばん

1 飾るのが好きではないから

2 めんどうくさいから

3 ペットが写真を倒すから

4 見せるのが恥ずかしいから

3ばん

1 先生が親切だから

2 あまり待たなくていいから

3 院長と知り合いだから

4 お菓子をくれるから

4ばん

1 水に住む生き物の絵

2 川をきれいにするアイデア

3 海をテーマにした作文

4 魚の面白い写真

5ばん

1 食事を減らす

2 階段を利用する

3 スポーツをする

4 甘いものを食べない

6ばん

1 バスに乗る

2 タクシーに乗る

3 歩く

4 迎えに来てもらう

問題 3

問題3では、問題用紙に何もいんさつされていません。この問題は、ぜんたいとしてどんなないようかを聞く問題です。話の前に質問はありません。まず話を聞いてください。それから、質問とせんたくしを聞いて、1から4の中から、最もよいものを一つえらんでください。

－ メモ －

問題（もんだい）4

問題（もんだい）4では、えを見（み）ながら質問（しつもん）を聞（き）いてください。やじるし（➡）の人（ひと）は何（なん）と言（い）いますか。1から3の中（なか）から、最（もっと）もよいものを一（ひと）つえらんでください。

れい

1番

2番

3番（ばん）

4番（ばん）

問題5

問題5では、問題用紙に何もいんさつされていません。まず文を聞いてください。それから、そのへんじを聞いて、1から3の中から、最もよいものを一つえらんでください。

ーメモー

JLPT

N3 실전모의고사 1회
정답 및 청해 스크립트

1교시 언어지식(문자・어휘)

문제 1 1 ② 2 ① 3 ① 4 ③ 5 ④ 6 ② 7 ④ 8 ①

문제 2 9 ④ 10 ④ 11 ① 12 ③ 13 ② 14 ①

문제 3 15 ④ 16 ③ 17 ④ 18 ④ 19 ③ 20 ① 21 ③ 22 ② 23 ④ 24 ④ 25 ①

문제 4 26 ① 27 ③ 28 ① 29 ② 30 ④

문제 5 31 ② 32 ③ 33 ④ 34 ② 35 ①

1교시 언어지식(문법)・독해

문제 1 1 ④ 2 ② 3 ① 4 ④ 5 ① 6 ② 7 ③ 8 ② 9 ① 10 ④ 11 ③ 12 ② 13 ③

문제 2 14 ② (3124) 15 ② (4123) 16 ① (4213) 17 ③ (4132) 18 ④ (1243)

문제 3 19 ③ 20 ① 21 ② 22 ④ 23 ③

문제 4 24 ④ 25 ③ 26 ③ 27 ②

문제 5 28 ③ 29 ④ 30 ① 31 ④ 32 ② 33 ④

문제 6 34 ② 35 ③ 36 ④ 37 ①

문제 7 38 ④ 39 ②

2교시 청해

문제 1 1 ③ 2 ① 3 ③ 4 ④ 5 ③ 6 ①

문제 2 1 ② 2 ① 3 ④ 4 ① 5 ① 6 ③

문제 3 1 ③ 2 ② 3 ③

문제 4 1 ① 2 ② 3 ① 4 ③

문제 5 1 ② 2 ① 3 ③ 4 ① 5 ③ 6 ② 7 ① 8 ① 9 ②

問題 1

問題１では、まず質問を聞いてください。それから話を聞いて、問題用紙の１から４の中から、最もよいものを一つえらんでください。

れい

ホテルで会社員の男の人と女の人が話しています。女の人は明日何時までにホテルを出ますか。

M　では、明日は、９時半に事務所にいらしてください。

F　はい、ええと、このホテルから事務所まで、タクシーでどのぐらいかかりますか。

M　そうですね、３０分もあれば着きますね。

F　じゃあ、９時に出ればいいですね。

M　あ、朝は道が混むかもしれません。１５分ぐらい早めに出られたほうがいいですね。

F　そうですか。じゃあ、そうします。

女の人は明日何時までにホテルを出ますか。

1 ばん

レストランで女の人が注文をしています。女の人はいくら支払いますか。

F　すみません。ランチセットにコーヒーは付いてるんですか。

M　いいえ。ランチはすべて８００円なんですが、コーヒーとデザートは別で、それぞれプラス１００円ずつで付けることができます。

F　あ、じゃあ、両方お願いします。コーヒーを紅茶に変えられますか。アイスで。

M　すみません。アイスはプラス５０円になります。

F　じゃあ、ホットでいいです。

M　かしこまりました。

女の人はいくら支払いますか。

2 ばん

男の人と女の人が話しています。二人はどこで会いますか。

M　来週の木曜日の約束、大丈夫？

F　うん。場所、どうしようか。新宿駅の改札口はどう？３番出口だっけ、２番出口だっけ。

M　映画館に一番近いのは２番だよ。でも、ちょっと、人が多すぎない？「まるや」ってお店の前にしようよ。郵便局の横の。

F　「まるや」なくなったでしょ。

M　えっ。そうなんだ。じゃあ、やっぱり改札口にしよう。

F　分かった。

二人はどこで会いますか。

3 ばん

会社で女の先輩と男の後輩が話しています。男の後輩はこのあと、まず何をしますか。

F　資料の整理、しておいてくれたよね？

M　はい。曜日に分けてファイルを作りました。

F　今年のものと去年のものと分けてある？

M　ええ。今年のがこの緑のファイルで、去年のがこっちの青のファイルです。どうぞ。

F　ああ、ちゃんと日付の古い順に入ってるね。じゃあ、これ、ここに資料のタイトルを書いて本棚にしまっておいて。

M　分かりました。

男の後輩はこのあと、まず何をしますか。

4 ばん

本屋で女の人が子どもの入学祝いを選んでいます。女の人はどんな本を買いますか。

F　すみません。今度小学生になる息子の入学祝いなんですけど。

M　小学生ですか。漫画のセットはいかがですか。

F　えっ、漫画はちょっと…。

M　漫画といっても、勉強に役立つものなんです。こちらの科学シリーズが人気です。

F　あ、なるほど。楽しく学習できるのね。

M　はい。あとは、こういう乗り物の本もよく売れています。

F　そういうの、大好きだから、家にいっぱいあるのよ。

M　そうですか。あとは、こういった歴史の本のセットはどうですか。

F　うーん。さっきの漫画にするわ。

M　かしこまりました。

女の人はどんな本を買いますか。

5ばん

アルバイトの面接で、男の学生が店長と話しています。学生はどのぐらい働きますか。

F　アルバイトは初めて？

M　いいえ。１年生の夏休みに少しだけコンビニで働いたことがあります。

F　そう。うちはできれば、週に4日以上働いてほしいんだけど、どうかな？

M　あのう、サークルの練習が週３回あって、週１回は休みたいんです。

F　じゃあ、週３回か。分かった。何時間ぐらいできる？

M　５時から８時までなら大丈夫です。

F　ちょっと短いな。９時まで無理？

M　大丈夫です。

F　じゃあ、それでお願いね。

M　はい。よろしくお願いします。

学生はどのぐらい働きますか。

6ばん

男の人が会社に電話をしています。男の人へのメモはどれですか。

F　はい。ABC商事です。

M　もしもし、中田です。

F　あ、中田さん、お疲れ様です。

M　あの、私に電話が来ませんでしたか。

F　ちょっと待ってください。メモを確認しますね。えーと、さくら出版様からですね。またかけなおすそうですが。

M　それだけですか。第三銀行から1時ごろ返事をいただくことになってるんです。

F　うーん、他にはないですね。電話が来たら、すぐにご連絡します。

M　いえ。私のほうからかけてみます。

男の人へのメモはどれですか。

問題 2

問題２では、まず質問を聞いてください。そのあと、問題用紙を見てください。読む時間があります。それから話を聞いて、問題用紙の1から4の中から、最もよいものを一つえらんでください。

れい

女の人と男の人がスーパーで話しています。男の人はどうして自分で料理をしませんか。

F　あら、田中君、お買い物？

M　うん、夕飯を買いにね。

F　お弁当？ 自分で作らないの？ 時間ないか。

M　いや、そうじゃないんだ。

F　じゃあ、作ればいいのに。

M　作るのは嫌いじゃないんだ。でも、一人だと…。

F　材料が余っちゃう？

M　それはいいんだけど、一生懸命作っても一人で食べるだけじゃ、なんか寂しくて。

F　それもそうか。

男の人はどうして自分で料理をしませんか。

1ばん

高校生の男の子と女の子が話しています。男の子は何を習いたいですか。

M　ねえ、ちょっと聞きたいんだけど。

F　何？

M　田中さんが通ってるスポーツクラブ、泳げない人も入れるの？

F　入れるけど、全然泳げないの？

M　うん。でも、やってみたいと思って。

F　テニス部の練習だけでも忙しいのに、無理じゃない？

M　田中さんだって、ダンスの教室も通ってるんでしょ。

F　まあね。やりたいならやってみたら？

男の子は何を習いたいですか。

2ばん

男の人と女の人が話しています。女の人は誰に似ていますか。

M　田中さんのお父さん、この間初めてみたけど、田中さんとそっくりだね。

F　そう？ 目が似てるから、よく似てるって言われるけど…。性格は全然違うんだけどね。

M　そうなんだ。僕は顔も性格もすべて母に似てるんだ。

F　へえ。私も鼻は母かな。性格も母に似てるの。おとなしいところとかね。

M　あはは。そうなんだ。

女の人は誰に似ていますか。

3ばん

小学生の男の子が話をしています。男の子は何が嬉しいと言っていますか。

M　今、僕は両親と祖母と一緒に住んでいます。お父さんはいつも忙しくて、家にはあまりいません。お母さんも仕事があるので、おばあちゃんがいつも僕たち兄弟の世話をしてくれます。おばあちゃんはとてもやさしいです。でも、お父さんとお母さんが遅く帰ってくるので少しさびしいです。週末になると、お母さんの仕事が休みなので、お母さんがご飯を作ってくれます。あまり上手ではないですが、ぼくは、それが一番嬉しいです。

男の子は何が嬉しいと言っていますか。

4ばん

女の人と男の人が話しています。女の人は何を節約しますか。

F　今度、友達の結婚式があって、ちょっとお金がかかるんだ。だから、明日からしばらく節約しないと。

M　え、そうなの。

F　うん。しばらく外食をやめる。実は、あまり料理は好きじゃないけどね。でも結婚式に着るドレス買っちゃったから、仕方ないよ。

M　もっと他の方法にしたら。シャワーの時間を短くするとか、電気をつけっぱなしにしないとか。

F　あはは。それだけじゃあ、あんまり節約にならないよ。

M　そっか。

女の人は何を節約しますか。

5ばん

会社で女の人が男の先輩と話しています。女の人はどうして注意されましたか。

M　田中さん、今、何をやってるの？

F　あ、部長に頼まれた書類を作っています。

M　それより、昨日のお礼の電話はした？

F　あ、まだです。今、メールしておきます。

M　だめだよ。すぐにしないと、失礼だよ。それにメールじゃなくて電話して。メールでは気持ちが伝わらないでしょう。

F　分かりました。申し訳ありません。

M　お礼の電話が遅くなったこともちゃんと謝っておくように。

F　はい。

女の人はどうして注意されましたか。

6ばん

レストランで女の人が母親と話しています。母親は薬をどのように飲みますか。

F1　お母さん、薬持ってきた？ 昼ご飯のあと、まだ薬飲んでいないでしょう。

F2　うん。朝、飲んだから、あとは夜、飲めばいいのよ。

F1　あれ、そうだった？

F2　うん。前の薬は1日3回、3つずつ飲んでたんだけど、多すぎて嫌だったから変えてもらったの。これは1つでいいの。

F1　お母さん、薬嫌いだもんね。

F2　そうね、なるべく飲みたくないわね。

母親は薬をどのように飲みますか。

問題3

問題3では、問題用紙に何もいんさつされていません。この問題は、ぜんたいとしてどんなないようかを聞く問題です。話の前に質問はありません。まず話を聞いてください。それから、質問とせんたくしを聞いて、1から4の中から、最もよいものを一つえらんでください。

れい

女の人が友達の家に来て話しています。

F1 田中です。

F2 あ、はい。昨日友達が泊まりに来てたんで、片付いてないけど、入って。

F1 あ、でもここで。すぐ帰るから。あのう、この前借りた本なんだけど、ちょっと破れちゃって。

F2 え、本当？

F1 うん、このページなんだけど。

F2 あっ、うん、このくらいなら大丈夫、読めるし。

F1 ほんと？ ごめん。これからは気をつけるから。

F2 うん、いいよ。ねえ、入ってコーヒーでも飲んでいかない？

F1 ありがとう。

女の人は友達の家へ何をしに来ましたか。

1 謝りに来た
2 本を借りに来た
3 泊まりに来た
4 コーヒーを飲みに来た

1ばん

男の人が女の人に本の感想を聞いています。

M この間貸した本、読みましたか。

F はい。あっという間に読みました。やっぱりすごいですね。

M そうそう。だからあの作家の本はよくテレビドラマにもなりますよね。

F そうなんです。この間ドラマを見てすごく感動して、それで本も読みたいと思ったんですよ。

M ぼくもそう。でもぼくはドラマのほうが面白かったなあ。

F 私は本もよかったです。

M 本は最後があまりよくなかったんですよ。

F そうですか。ああいう終わり方も悪くないと思いますよ。

女の人はその本についてどう思っていますか。

1 ドラマより本のほうがいい。
2 本よりドラマのほうがいい
3 ドラマも本もいい
4 ドラマも本もよくない

2ばん

携帯ショップで男の人が店員と話しています。

F いらっしゃいませ。携帯電話をお探しですか。

M いえ、この電話、何もしていないのに、画面が変わってしまうんです。

F ちょっと見せてください。ああ、本当ですね。修理に出しますか。

M そうしたいんですけど、どのぐらいかかりますか。

F 多分、１週間ぐらいかかります。部品を交換しなくてはいけないと思うので、6,000円ぐらいかかると思いますよ。

M 結構かかるんですね。じゃあ、ちょっと考えて、また来ます。あ、電池が切れそう。すみませんが、ちょっと充電してもらってもいいですか。

F はい。じゃあ、少しお預かりしますね。

男の人は何をしに来ましたか。

1 携帯電話を買うため
2 携帯電話を直すため
3 使い方を質問するため
4 携帯電話を充電するため

3ばん

女の人が留守番電話にメッセージを入れています。

F もしもし。斉藤です。さっき、旅行から帰ってきました。演劇のチケット、取っていただいてありがとうございました。それで、あの、友達と行く予定だったんですけど、その友達が急な用事ができちゃって、よかったら、一緒に行きませんか。これ、今、すごく人気がある演劇で、きっと楽しめると思うんです。メッセージ聞いたら、連絡ください。それじゃ。

女の人が一番言いたいことは何ですか。

1 旅行から帰ってきたこと
2 友達に用事ができたこと
3 一緒に演劇に行きたいこと
4 演劇の人気が高いこと

問題 4

問題４では、えを見ながら質問を聞いてください。やじるし（➡）の人は何と言いますか。１から３の中から、最もよいものを一つえらんでください。

れい

ホテルのテレビが壊れています。何と言いますか。

1　テレビがつかないんですが。
2　テレビをつけてもいいですか。
3　テレビをつけたほうがいいですよ。

１ばん

会社に遅刻しました。何と言いますか。

1　申し訳ありません。
2　お久しぶりです。
3　お世話になりました。

２ばん

授業中に、気分が悪くなったので帰りたいです。先生に何と言いますか。

1　具合が悪いので、早退するのはいいですか。
2　体調が悪いので、早退させてください。
3　すみませんが、早退させてもいいですか。

３ばん

友達のノートが見たいです。何と言いますか。

1　ノートちょっと見せてくれない？
2　ノートちょっと見てくれる？
3　ノートちょっと見ようか。

４ばん

子どもが学校に行きます。子どもは何と言いますか。

1 お帰りなさい。
2 いってらっしゃい。
3 行ってきます。

問題 5

問題５では、問題用紙に何もいんさつされていません。まず文を聞いてください。それから、そのへんじを聞いて、１から３の中から、最もよいものを一つえらんでください。

れい

すみません、今、時間、ありますか。

1　ええと、１０時２０分です。
2　ええ。何ですか。
3　時計はあそこですよ。

１ばん

お母さんはお元気ですか。

1　はい、いいですよ。
2　はい、おかげさまで。
3　はい、お元気です。

２ばん

もう、お腹いっぱいですか。

1　はい、ごちそうさまでした。
2　はい、お腹がすきました。
3　はい、いただきます。

３ばん

お母さん、動物を飼っちゃだめ？

1　いいけど、大事に使うんだよ。
2　ああ、それなら、そこに置いてあるよ。
3　だめだめ、世話が大変なんだから。

４ばん

ご注文 は何になさいますか。

1　焼き魚定食を一つ。
2　3,000円になります。
3　この靴をください。

5ばん

何時ごろ戻りますか。

1　ずいぶん、遅かったね。

2　3時に出発します。

3　お昼までには帰ります。

6ばん

明日の午後あいてる?

1　うん。午後からだって。

2　ごめん、ちょっと用事がある。

3　じゃあ、映画館の前でね。

7ばん

明日までその本借りていい?

1　どうぞ。必ず返してね。

2　ありがとう。助かるよ。

3　図書館で借りてきたよ。

8ばん

毎日、暑い日が続きますね。

1　早く涼しくなってほしいですね。

2　もうすっかり冬ですね。

3　じゃあ、傘を貸しましょうか。

9ばん

会議の時間、変更になりましたよ。

1　はい、理解しました。

2　はい、了解しました。

3　はい、変更しました。

JLPT

N3 실전모의고사 2회 정답 및 청해 스크립트

1교시 언어지식(문자 · 어휘)

문제1 1 ④ 2 ② 3 ③ 4 ① 5 ② 6 ③ 7 ① 8 ②

문제2 9 ④ 10 ③ 11 ② 12 ③ 13 ④ 14 ①

문제3 15 ② 16 ① 17 ④ 18 ② 19 ① 20 ④ 21 ④ 22 ② 23 ① 24 ② 25 ①

문제4 26 ① 27 ② 28 ④ 29 ③ 30 ②

문제5 31 ① 32 ② 33 ① 34 ④ 35 ①

1교시 언어지식(문법) · 독해

문제1 1 ③ 2 ① 3 ① 4 ② 5 ③ 6 ④ 7 ③ 8 ④ 9 ④ 10 ① 11 ④ 12 ② 13 ②

문제2 14 ③ (1432) 15 ④ (2143) 16 ② (1423) 17 ③ (4132) 18 ③ (1432)

문제3 19 ① 20 ② 21 ④ 22 ③ 23 ③

문제4 24 ② 25 ① 26 ③ 27 ④

문제5 28 ④ 29 ③ 30 ② 31 ③ 32 ④ 33 ④

문제6 34 ② 35 ③ 36 ③ 37 ④

문제7 38 ② 39 ①

2교시 청해

문제1 1 ① 2 ③ 3 ② 4 ② 5 ④ 6 ①

문제2 1 ② 2 ③ 3 ③ 4 ③ 5 ④ 6 ③

문제3 1 ② 2 ① 3 ②

문제4 1 ③ 2 ② 3 ① 4 ②

문제5 1 ① 2 ② 3 ③ 4 ① 5 ② 6 ① 7 ② 8 ③ 9 ①

問題１

問題１では、まず質問を聞いてください。それから話を聞いて、問題用紙の１から４の中から、最もよいものを一つえらんでください。

れい

ホテルで会社員の男の人と女の人が話しています。女の人は明日何時までにホテルを出ますか。

M　では、明日は、９時半に事務所にいらしてください。

F　はい、ええと、このホテルから事務所まで、タクシーでどのぐらいかかりますか。

M　そうですね、３０分もあれば着きますね。

F　じゃあ、９時に出ればいいですね。

M　あ、朝は道が混むかもしれません。１５分ぐらい早めに出られたほうがいいですね。

F　そうですか。じゃあ、そうします。

女の人は明日何時までにホテルを出ますか。

１ばん

会社で女の人と男の人が話しています。男の人は、このあとまず何をしますか。

F　新商品の案、部長に見せましたか。

M　はい。さっき返事をもらいました。あれでオーケーだそうです。

F　本当ですか！　ああ、よかった。じゃあ、さっそく会議ですね。

M　じゃあ、資料の準備をしますね。

F　あ、その前にお昼ご飯にしましょうか。

M　もうそんな時間ですか。じゃあ、会議室だけ先に予約しちゃいます。

F　お願いします。

男の人は、このあとまず何をしますか。

２ばん

男の人がプリンターのお客様センターに電話をしています。お客様センターでは、このあとどうしますか。

F　はい。ＡＢＣ電気、お客様センターです。

M　すみません、プリンターの修理をお願いしたいんですが。

F　どのような、状態でしょうか。

M　紙が入っていかないんです。

F　かしこまりました。技術担当の者に代わります。少々お待ちください。

M　はい。

F　申し訳ありませんが、今、他の電話に出ているので、あとでこちらからお電話してもよろしいでしょうか。

M　分かりました。

お客様センターではこのあとどうしますか。

３ばん

アルバイト先で男の学生と女の学生が話しています。女の学生はこのあと何をしますか。

M　うわ、困ったなあ。どうしよう。

F　どうしたの？

M　来週、サークルの発表会なんだけどさ、アルバイトがあるの忘れてて。

F　そうなの？ 何曜日？

M　土曜日。１３日。

F　１３日かあ。代わってあげたいけど、私もその日、友達と約束があるんだ。

M　そうか。じゃあ、伊藤さんに聞いてみようかな。

F　伊藤さん、その日だめだったと思う。うーん、仕方ない。私が友達に電話するよ。多分、他の日にできると思う。

M　ほんと悪いね。ごめんね。店長には僕から言っておくから。

F　うん。その代わり、１４日のアルバイト、代わってね。

M　もちろん。

女の学生はこのあと何をしますか。

４ばん

母親から男の子の留守番電話にメッセージが入っています。男の子がしなければならないことは何ですか。

F　もしもし、さとし。お母さんだけど…。今、病院に来てるんだけどね、病院がすごく混んでてね。もうちょっとかかりそう。えーと、夕食、何がいいかな。なんか、さとしの好きなもの買っていくね。宿題をして、待っててね。今日、サッカーの練習あるでしょう。それまでには間に合うと思うけど、急いで帰るね。じゃあね。

男の子がしなければならないことは何ですか。

5ばん

デパートで女の人が店員と話しています。女の人はいくら支払いますか。

M　お会計が3,400円になります。ポイントカードはお持ちですか。

F　はい。持っています。どうぞ。

M　ポイントが1,000円分あるので、使うこともできますが、どうしますか。

F　あ、会計から1,000円ひいてもらえるってことですか。

M　はい。そうです。

F　いえ、今日は大丈夫です。あっ、小銭がない。すみません、400円分だけポイントでおねがいします。

M　はい。かしこまりました。

女の人はいくら支払いますか。

6ばん

会社で男の人と女の人が話しています。男の人は、これからまずどうしますか。

F　お昼ご飯、もう食べました?

M　いえ、まだです。

F　じゃあ、一緒に行きませんか。

M　仕事がちょっと残っていて、あと5分か10分ぐらいで終わると思うんですが。

F　うーん、じゃあ、先に食堂に行ってますね。

M　はい。終わったら、すぐ行きます。

男の人は、これからまずどうしますか。

問題 2

問題2では、まず質問を聞いてください。そのあと、問題用紙を見てください。読む時間があります。それから話を聞いて、問題用紙の1から4の中から、最もよいものを一つえらんでください。

れい

女の人と男の人がスーパーで話しています。男の人はどうして自分で料理をしませんか。

F　あら、田中君、お買い物?

M　うん、夕飯を買いにね。

F　お弁当? 自分で作らないの? 時間ないか。

M　いや、そうじゃないんだ。

F　じゃあ、作ればいいのに。

M　作るのは嫌いじゃないんだ。でも、一人だと…。

F　材料が余っちゃう?

M　それはいいんだけど、一生懸命作っても一人で食べるだけじゃ、なんか寂しくて。

F　それもそうか。

男の人はどうして自分で料理をしませんか。

1ばん

女の人と男の人が話しています。女の人はどんな楽器を習っていますか。

F　今までずーっとピアノを習いたいと思っていたんだけどね。

M　うんうん。言ってたね。

F　でも、ピアノを買うのも、大変だし、他の楽器を始めたんだ。

M　え、なになに? バイオリンとか?

F　あ、どうして分かったの?

M　だって、クラシック好きでしょう? だから、そういうの好きなんじゃないかなって思って。

F　そうなの。でも、ギターもかっこいいよね。ドラムもいいなあ。

M　ギターは僕もやったことあるよ。あんまり上手じゃないけど。

女の人はどんな楽器を習っていますか。

2ばん

会社で男の人と女の人が話しています。男の人は子どものとき、どんな子どもでしたか。

F　伊藤さんが、仕事でミスしたの、見たことないですね。子どものときから、そんなにしっかりしていたんですか。

M　どちらかというと、よく怒られてましたね。うっかりしてることが多かったんです。
F　え、今からはちょっと想像ができないです。
M　そうですか。
F　ええ。勉強のできる、まじめな子、って感じ。
M　自分では、ちゃんと準備したつもりなんですけど、学校に行くと教科書がないとか、鉛筆がないとか、よくありましたよ。
F　へえ。ちょっと、安心しました。

男の人は子どものとき、どんな子どもでしたか。

3ばん

男の人と女の人が旅館を探しています。二人が旅館を選ぶときに一番大切なことは何ですか。

M　ここはどう? 部屋もすごくきれいだし、広いよ。
F　料理の評判はどう?
M　この雑誌では、評価は高いよ。
　　温泉も広いし、いいんじゃない。
F　あれ、でもここ、海から遠いよ。
M　あ、本当だ。歩いていける距離じゃないとね。
F　うん。他のところを探そう。
M　そうだね。

二人が旅館を選ぶときに一番大切なことは何ですか。

4ばん

男の人と女の人が話しています。男の人が仕事がつらいのはどうしてですか。

F　新しい会社、慣れた? 大変なんだって?
M　もう、本当に辞めたいんだけど、まだ入ったばかりだし…。
F　毎日、残業なんでしょ?
M　それはいいんだけど、出張が多いんだよ。家にほとんど帰れない月もあってさ。
F　それはつらいね。社長はいい人そうだけどね。
M　まあね。だから、辞めにくいんだよね。

男の人が仕事がつらいのはどうしてですか。

5ばん

会社で男の人と女の人が話しています。男の人が今日なくしたものは何ですか。

M　あ、しまった。
F　え、どうしたの?
M　さっき、ひかり工業に行った帰りに、タクシー乗ったじゃないですか。そのとき、タクシーの中に紙袋、置いてきちゃいました。
F　大事な書類でも入ってたの?
M　いえ、もらった名刺を…。
F　どうして、すぐに財布に入れないの?
M　つい、持っていた紙袋に入れちゃって。
F　この間も、タクシーで財布なくしたでしょう。
M　そうなんです。実は、携帯を落としたこともあるんです。
F　しっかりしてよ。

男の人が今日なくしたものは何ですか。

6ばん

男の人と女の人が話しています。女の人はどんなコーヒーを飲みますか。

M　お疲れ様です。何か飲みますか。
F　あ、ありがとうございます。
M　コーヒーでいいですか。暑いから、氷入れましょうか。
F　あ、温かいのでいいです。エアコンで体冷えちゃって。
M　お砂糖は入れますか。
F　はい。たくさん入れてください。
M　ミルクはどうします?
F　それも入れてください。
M　はい、これでいいですか。
F　ありがとう。

女の人はどんなコーヒーを飲みますか。

問題3

問題3では、問題用紙に何もいんさつされていません。この問題は、ぜんたいとしてどんなないようかを聞く問題です。話の前に質問はありません。まず話を聞いてください。それから、質問とせんたくしを聞いて、1から4の中から、最もよいものを一つえらんでください。

れい

女の人が友達の家に来て話しています。

F1　田中です。

F2　あ、はあい。昨日友達が泊まりに来てたんで、片付いてないけど、入って。

F1　あ、でもここで。すぐ帰るから。あのう、この前借りた本なんだけど、ちょっと破れちゃって。

F2　え、本当？

F1　うん、このページなんだけど。

F2　あっ、うん、このくらいなら大丈夫、読めるし。

F1　ほんと？ ごめん。これからは気をつけるから。

F2　うん、いいよ。ねえ、入ってコーヒーでも飲んでいかない？

F1　ありがとう。

女の人は友達の家へ何をしに来ましたか。

1　謝りに来た

2　本を借りに来た

3　泊まりに来た

4　コーヒーを飲みに来た

1ばん

男の人と女の人が話しています。

F　あ、これこれ。知ってます？ 私、昨日行ってきたんですよ。

M　あ、どうでした？ 私も見に行くかどうか迷ってるところなんですよ。

F　すごくよかったです。アニメだけど、大人も感動すると思います。

M　本当ですか。水曜日は1，０００円だし、明日行ってみようかな。

F　ええ。週末は子どもも多いから、ちょっとうるさいかもしれません。だから、平日がおすすめです。

M　じゃあ、早速明日行ってみます。楽しみだなあ。

二人は何について話をしていますか。

1　美術館

2　映画

3　演劇

4　遊園地

2ばん

男の人と女の人が出張で大阪に来ました。

F　大阪に来るのは、何回目？

M　ぼくは３回目ですね。前回は研修旅行でした。部長は結構来てますよね。

F　何かおいしいものでも食べて帰りたいわね。

M　それどころじゃないですよ。山本商事の社長、怒ってましたよ。どうしてあんな基本的なミスをするんだって。

F　とにかく謝るしかないわね。

M　工場の管理の方法をもう少し考えたほうがいいですね。

F　そうね。急ぎましょう。

二人は何をしに来ましたか。

1　社長へ謝るため

2　社長に製品の説明をするため

3　研修のため

4　工場を見学するため

3ばん

男の人が話しています。

M　私は3年前にこの町に引っ越してきました。雪がとても多い地域で、去年は記録的な大雪が降りました。ここに来る前は東京でサラリーマンをしていましたが、ストレスで体調が悪くなって、新しい仕事を探しました。今の仕事は農業で、米を作っています。とても大変な仕事ですが、前よりもずっと健康になりました。私は、ここに来てよかったと思っています。

男の人はここに引っ越してきたことをどう考えていますか。

1　仕事が楽なので、よかった

2　健康になったので、よかった

3　仕事が大変なので、よくなかった

4　雪が多いので、よくなかった

問題 4

問題４では、えを見ながら質問を聞いてください。やじるし（➡）の人は何と言いますか。１から３の中から、最もよいものを一つえらんでください。

れい

ホテルのテレビが壊れています。何と言いますか。

1　テレビがつかないんですが。

2　テレビをつけてもいいですか。

3　テレビをつけたほうがいいですよ。

1 ばん

友達と映画に行きたいです。何と言いますか。

1　映画、見に行くね。

2　映画、見に行ってもいいですか。

3　映画、一緒に行かない?

2 ばん

飛行機のチケットをキャンセルします。何と言いますか。

1　キャンセルするんですが。

2　キャンセルしたいんですが。

3　キャンセルいたしますが。

3 ばん

誕生日のお祝いをもらいました。何と言いますか。

1　ありがとうございます。

2　おめでとうございます。

3　お祝い申し上げます。

4 ばん

先生に相談したいです。何と言いますか。

1　先生、ちょっとご相談していただけませんか。

2　先生、ちょっとご相談があるんですが。

3　先生、ちょっとご相談なさいますか。

問題 5

問題５では、問題用紙に何もいんさつされていません。まず文を聞いてください。それから、そのへんじを聞いて、１から３の中から、最もよいものを一つえらんでください。

れい

すみません、今、時間、ありますか。

1　ええと、１０時２０分です。

2　ええ。何ですか。

3　時計はあそこですよ。

1 ばん

お願いしていた書類、いつできますか。

1　午前中に必ず終わらせます。

2　私のほうからもお願いしておきます。

3　できたら、連絡してください。

2 ばん

髪の毛はどのぐらい切りますか。

1　それはちょっと切りすぎです。

2　3センチぐらいお願いします。

3　そうですね、3ヶ月に1回です。

3 ばん

図書館行くの？ これも一緒に返してくれる?

1　うん。じゃあ、行こうか。

2　ごめんね。ありがとう。

3　いいよ。返しておくよ。

4 ばん

また近いうちにお会いしましょう。

1　はい。またご連絡差し上げます。

2　そうですか。それは残念ですね。

3　ええ。先週会ったばかりですよ。

5ばん

どうして電話をくれないの？

1　今度買ってあげるね。

2　忙しかったんだよ。

3　田中さんからお電話です。

6ばん

私が持ちましょうか。

1　大丈夫です。ありがとう。

2　ええ。もう少し待ちましょう。

3　ちょっと持ってもいいですか。

7ばん

これ、おいしいです。作り方、教えてください。

1　駅前のケーキ屋さんです。

2　じゃあ、レシピ、渡しますね。

3　私も初めて食べました。

8ばん

来月から留学するんだって？

1　そうですか。うらやましいですね。

2　はい。３泊４日でアメリカに行きます。

3　はい。頑張って勉強してきます。

9ばん

顔色悪いですよ。大丈夫ですか。

1　ええ。ちょっと熱があって。

2　私のせいじゃありませんよ。

3　いえいえ、それほどでも。

JLPT

N3 실전모의고사 3회 정답 및 청해 스크립트

1교시 언어지식(문자 · 어휘)

문제 1 1 ③ 2 ④ 3 ② 4 ① 5 ② 6 ③ 7 ① 8 ①

문제 2 9 ③ 10 ② 11 ① 12 ① 13 ④ 14 ③

문제 3 15 ③ 16 ② 17 ① 18 ② 19 ① 20 ② 21 ④ 22 ③ 23 ④ 24 ③ 25 ③

문제 4 26 ④ 27 ③ 28 ② 29 ① 30 ④

문제 5 31 ① 32 ③ 33 ③ 34 ② 35 ④

1교시 언어지식(문법) · 독해

문제 1 1 ② 2 ① 3 ③ 4 ② 5 ① 6 ③ 7 ② 8 ③ 9 ① 10 ③ 11 ② 12 ② 13 ④

문제 2 14 ③ (4231) 15 ② (3124) 16 ④ (2341) 17 ③ (4231) 18 ③ (4132)

문제 3 19 ① 20 ③ 21 ② 22 ③ 23 ②

문제 4 24 ① 25 ② 26 ③ 27 ④

문제 5 28 ④ 29 ③ 30 ③ 31 ② 32 ② 33 ④

문제 6 34 ② 35 ④ 36 ① 37 ②

문제 7 38 ① 39 ③

2교시 청해

문제 1 1 ② 2 ② 3 ① 4 ③ 5 ① 6 ③

문제 2 1 ① 2 ④ 3 ② 4 ④ 5 ③ 6 ②

문제 3 1 ④ 2 ③ 3 ③

문제 4 1 ① 2 ③ 3 ① 4 ②

문제 5 1 ③ 2 ② 3 ① 4 ③ 5 ① 6 ③ 7 ③ 8 ① 9 ②

問題 1

問題1では、まず質問を聞いてください。それから話を聞いて、問題用紙の1から4の中から、最もよいものを一つえらんでください。

れい

ホテルで会社員の男の人と女の人が話しています。女の人は明日何時までにホテルを出ますか。

M　では、明日は、９時半に事務所にいらしてください。
F　はい、ええと、このホテルから事務所まで、タクシーでどのぐらいかかりますか。
M　そうですね、３０分もあれば着きますね。
F　じゃあ、９時に出ればいいですね。
M　あ、朝は道が混むかもしれません。１５分ぐらい早めに出られたほうがいいですね。
F　そうですか。じゃあ、そうします。

女の人は明日何時までにホテルを出ますか。

1ばん

会社で男の人が女の人と話しています。男の人は何部コピーをしますか。

F　佐藤さん、これコピーお願いしていい？
M　うん。何部すればいいの？
F　会議に参加する人の人数分だから、えーっと…。
M　じゃあ、うちのチームの四人と、課長と部長ね。
F　あ、部長は要らないよ。
M　そうなんだ。分かった。
F　よろしくね。

男の人は何部コピーをしますか。

2ばん

会社で女の人と男の人が話しています。女の人は、結婚後どうしますか。

M　結婚するんですね。おめでとうございます。
　　さみしくなるなあ。
F　やだ。辞めないですよ、会社。
　　せっかく正社員になったんだから。
M　あ、すみません。うわさでそんな話を聞いたもので。
F　この仕事、気に入ってるのよ。
　　自分に合ってるなあって。
M　じゃあ、ずっと働くんですか。
F　うん。そのつもり。
M　今の時代、一度辞めたら、再就職は難しいですもんね。
F　そうそう、パートだと収入減っちゃうしね。

女の人は結婚後どうしますか。

3ばん

夫婦が会話をしています。男の人は何を買いますか。

F　ねえねえ、これから、お客さんが来るんだけど、果物買ってきてくれない？
M　どんな果物？
F　そうねえ、りんごと、あと、スイカも買ってきて。
M　スイカはもう時期じゃないだろ。高いだけでおいしくないよ。
F　そうかしら。
M　今の時期ならぶどうがいいよ。
F　じゃあ、そうしよう。あれ、りんご、まだこんなに残ってた。
M　じゃあ、要らないね。行ってきます。

男の人は何を買いますか。

4ばん

大学で女の学生と先生が話しています。女の学生はこのあと、まず何をしますか。

M　今度北海道で学会があるんだけど、よかったら、発表してみない？
F　えっ、本当ですか。
M　うん。この間の論文よかったよ。
F　ありがとうございます。でもまだ不十分な部分が多くて、ちょっと直したんです。先生、もう一度見ていただけますか。
M　いいよ。じゃあ、来週、研究室に来て。
F　ありがとうございます。
M　先に見ておくから、メールで送っておいて。
F　はい。よろしくお願いします。

女の学生はこのあと、まず何をしますか。

5ばん

大学で男の学生と女の学生が話しています。男の学生はこのあと、まず何をしますか。

M　ねえ、今度のゼミの旅行、飛行機でもいいかな。

F　えっ、新幹線で行く予定だったんじゃない？ 取れなかったの？

M　ごめんごめん。うっかりしていて、今確認したら、もう席がないんだって。

F　飛行機はちょっと高すぎるんじゃない？

M　じゃあ、バスを調べてみようか。

F　うーん。それは時間がかかりすぎちゃう。じゃあ、飛行機に乗る代わりに、ホテルは安いところにしよう。

M　そうだね。ぼくがホテルを探してみるよ。

F　まずは、すぐにチケットの予約ね！

M　分かった。

男の学生はこのあと、まず何をしますか。

6ばん

夫婦が話しています。二人はこれから何をしますか。

F　なんか、平日の休みって久しぶりだね。

M　うん。ようやくゆっくり寝れる。

F　えーっ。ごろごろしてたらもったいないよ。何かしようよ。

M　そうだけど。じゃあ、美術館行かない？ ほら、この間テレビで見て行きたいって。

F　ごめん、行って来ちゃった。

M　えっ。そうなの？

F　ねえ、海まで行こうか。私、運転するよ。

M　ちょっと寒いけど、それもいいか。オッケー。準備してくるよ。

F　うん。

二人はこれから何をしますか。

問題 2

問題2では、まず質問を聞いてください。そのあと、問題用紙を見てください。読む時間があります。それから話を聞いて、問題用紙の1から4の中から、最もよいものを一つえらんでください。

れい

女の人と男の人がスーパーで話しています。男の人はどうして自分で料理をしませんか。

F　あら、田中君、お買い物？

M　うん、夕飯を買いにね。

F　お弁当？ 自分で作らないの？ 時間ないか。

M　いや、そうじゃないんだ。

F　じゃあ、作ればいいのに。

M　作るのは嫌いじゃないんだ。でも、一人だと…。

F　材料が余っちゃう？

M　それはいいんだけど、一生懸命作っても一人で食べるだけじゃ、なんか寂しくて。

F　それもそうか。

男の人はどうして自分で料理をしませんか。

1ばん

女の人が父親と国際電話で話しています。女の人はいつ帰国しますか。

M　今年はもう帰ってこないのか。

F　うーん。今年は2月に帰ったからね。来年になるかなあ。

M　9月はお母さんの誕生日だろう。

F　ああ、そうだったね。最近、仕事が忙しくて、すっかり忘れてた。

M　ひどいなあ。

F　ごめんごめん。でも、もう8月だよ。お父さん、もっと早く言ってよ。

M　じゃあ、せめて、何かお祝いでも送ってあげて。

F　分かった。1月には休み取れるから、そのときには帰るよ。

女の人はいつ帰国しますか。

2ばん

女の人と男の人が話しています。女の人が驚いたことは何ですか。

F　この間、ニューヨークに出張で行ったんです。

M　いいですね。クリスマスのニューヨークはすばらしいと聞きました。

F　ええ。夢のようでした。寒かったですけどね。

M　東京よりもずっと都会なんでしょうね。

F　それが、そうでもないんですよ。東京のほうが大きいかもしれないなあ。

M　へえ。意外ですね。

F　あと、街を歩いているときに、よく道を聞かれたんです。日本だったら、外国人にはあまり聞かないじゃないですか。だから、びっくりしちゃって。

M　ニューヨークっていろんな国の人がいるから、外国人とかあんまり気にしないんでしょうね、きっと。

F　あ、なるほど。とにかく楽しかったです。田中さんもぜひ一度行ってみてください。

M　はい。

女の人が驚いたことは何ですか。

3ばん

女の人が自分の仕事について話しています。女の人は何が得意だと言っていますか。

F　お弁当屋という仕事の大変なことですか。私は作るほうではないので、それほど大変ではないのですが、この近くは会社が多いので、お昼になると、急にたくさんのお客さんが来るんです。そのときは少し忙しいですね。この仕事をしていると、いろんな人と会いますが、私は顔を覚えるのが得意で、一度来てくれたお客さんは、必ず覚えているんです。だから、また来てくれると嬉しくて、自然に笑顔になります。

女の人は何が得意だと言っていますか。

4ばん

会社で女の人と男の人が話しています。加藤さんが選ばれた理由は何ですか。

M　課長、今度、入社する新入社員、もう決まったんですか。

F　ええ。加藤さんって女の子。英語がペラペラなんですって。

M　すごいですね。

F　でも、選んだポイントはそこじゃないのよ。彼女、あまり、自分の意見を強く主張する性格じゃなくて人の話もよく聞ける人でね。そこが気に入ったって、部長が。

M　なるほど。

F　そうそう。けんかばかりする人じゃ、困っちゃうものね。

加藤さんが選ばれた理由は何ですか。

5ばん

女の学生と男の学生が話しています。女の学生が一番楽しかったことは何ですか。

F　もう夏休みも終わりだね。

M　ほんと、早い早い。夏休み楽しかったなあ。

F　私は海でのバイトが大変だったよ。おかげでお祭りも行けなかったし。

M　ぼくは初めての海外が本当に印象に残っているよ。

F　海外いいね。私は国内だけど、この夏一番、楽しかったな。

M　京都に行ったんだっけ。

F　うん。また行きたいなあ。

女の学生が一番楽しかったことは何ですか。

6ばん

中学校で男の先生と女の先生が話しています。男の先生が教えている科目は何ですか。

F　最近の子どもたちはあまり勉強をしなくなったと言いますが、先生もそう感じますか。

M　うーん。できる子とできない子の差が大きくなったと感じます。例えば、私の授業でも、小学校で習うような漢字が分からない子がいるんです。

F　そうなんですか。

M　漢字なんか知らなくても困らない、なんて言うんですよ。だから、教科書も読めないんです。

F　確かに、今はパソコンで変換すれば出てきますからね。私の音楽の授業はみんな一生懸命やってますよ。

M　まあ、音楽でも、体育でも、何か好きな科目が一つあればいいんですけどね。

男の先生が教えている科目は何ですか。

問題 3

問題３では、問題用紙に何もいんさつされていません。この問題は、ぜんたいとしてどんなないようかを聞く問題です。話の前に質問はありません。まず話を聞いてください。それから、質問とせんたくしを聞いて、１から４の中から、最もよいものを一つえらんでください。

れい

女の人が友達の家に来て話しています。

F1　田中です。

F2　あ、はあい。昨日友達が泊まりに来てたんで、片付いてないけど、入って。

F1　あ、でもここで。すぐ帰るから。あのう、この前借りた本なんだけど、ちょっと破れちゃって。

F2　え、本当？

F1　うん、このページなんだけど。

F2　あっ、うん、このくらいなら大丈夫、読めるし。

F1　ほんと？ ごめん。これからは気をつけるから。

F2　うん、いいよ。ねえ、入ってコーヒーでも飲んでいかない？

F1　ありがとう。

女の人は友達の家へ何をしに来ましたか。

1　謝りに来た
2　本を借りに来た
3　泊まりに来た
4　コーヒーを飲みに来た

1 ばん

男の人と女の人が話しています。

M　それ、ガイドブックですか。旅行でも行くんですか。

F　ええ。ここ、行ってみたいんですよ。ほら、ドラマの撮影で有名になった…。

M　あ、ぼくの故郷です。うち、この近くですよ。

F　ええっ。本当ですか。いいなあ、あの、ドラマのような生活ですか。

M　そうですね。本当に自然が美しくて、のんびりしていますよ。ちょっと不便ですけどね。

F　へえ。じゃあ、もっと発展してほしいですか。

M　いえ、あの自然は私たちが守っていかなければならない宝だと思っています。

F　そうですか。

M　最近、観光客が増えちゃって、マナーを守れない人が増えたのが残念です。

F　私も気をつけます。

男の人は自分の故郷についてどう考えていますか。

1　もっと発展してほしい
2　地域の文化を守りたい
3　旅行者が増えてほしい
4　自然環境を守りたい

2 ばん

女の人がインタビューに答えています。

F　私の休みは週に一回しかありません。その日は朝早く起きて、積極的に活動するようにしています。本当は長く寝たい気持ちもありますが、休みの日に遅く起きると、一日があっという間に過ぎてしまって、結局、何もできないまま終わってしまうから、眠くても頑張って起きています。週に１回しかないから、休みの過ごし方はとても大切です。それに、休みの日に好きなことをたくさんすると、次の日の仕事も頑張れるんです。

女の人は何について話していますか。

1　休みが少ない理由
2　休みの日のスケジュール
3　休みの日に早く起きる理由
4　休むことの大切さ

3 ばん

会社で男の人と女の人が話しています。

M　お疲れ様です。

F　あれ、山田さん、帰ったんじゃなかったんですか。忘れ物ですか。

M　いえ、さっきエレベーターの中で課長に会ったんですけど。

F　あ、仕事を頼まれたんですか。お手伝いしましょうか。

M　いえ、重要なメールを送り忘れてたことを思い出したんです。

F　そうですか。じゃあ、私はお先に失礼します。

M　はい。お疲れ様です。ぼくも、これだけ送ったら、すぐ帰ります。

男の人は何のために会社に戻ってきましたか。

1　忘れ物を取りに行くため

2　課長と話をするため

3　メールを送るため

4　女の人の仕事を手伝うため

問題 4

問題 4 では、えを見ながら質問を聞いてください。やじるし（➡）の人は何と言いますか。1から3の中から、最もよいものを一つえらんでください。

れい

ホテルのテレビが壊れています。何と言いますか。

1　テレビがつかないんですが。

2　テレビをつけてもいいですか。

3　テレビをつけたほうがいいですよ。

1 ばん

友人が国に帰ります。何と言いますか。

1　元気でね。

2　お元気ですか。

3　お久しぶりです。

2 ばん

小さい子どもが泣いています。子どもに何と言いますか。

1　どうなったの？

2　どうするの？

3　どうしたの？

3 ばん

暑いので窓を開けたいです。何と言いますか。

1　窓を開けてもいいですか。

2　窓を開けたいですか。

3　窓を開けたほうがいいですか。

4 ばん

自分の傘をほかの人が持って行きました。何と言いますか。

1　これ、使ってください。

2　それ、私の傘です。

3　すみません。助かります。

問題 5

問題 5 では、問題用紙に何もいんさつされていません。まず文を聞いてください。それから、そのへんじを聞いて、1から3の中から、最もよいものを一つえらんでください。

れい

すみません、今、時間、ありますか。

1　ええと、10時20分です。

2　ええ。何ですか。

3　時計はあそこですよ。

1 ばん

コンビニ行くんですが、何か買ってきましょうか。

1　すみません、今日は約束があるので…。

2　いいなあ。夏休みが取れたんですか。

3　じゃあ、おにぎり買ってきてもらえますか。

2 ばん

会議室、今、使ってる？

1　確か、3時からだと思います。

2　今、営業部が会議中です。

3　いいえ。しまっています。

3ばん

この近くに住んでいるんですか。

1　はい。歩いて5分ぐらいです。
2　次の角を左に曲がってください。
3　へえ。偶然ですね。私もです。

4ばん

ちょっと風邪をひいてしまったんです。

1　ええ。せきが止まらなくって。
2　はい。今日は曇ってますね。
3　そうですか。最近、流行ってますね。

5ばん

そのセーター、似合ってます。

1　そう？ 誕生日にもらったんだ。
2　喜んでもらえて、嬉しいなあ。
3　最近、寒いですね。

6ばん

この会社でいつから働いているんですか。

1　9時から5時までです。
2　はい。満足しています。
3　4月に入社したばかりです。

7ばん

いつもこの店で買うんですか。

1　いいえ、まだ買っていません。
2　ええ。このレストラン、おいしいんです。
3　はい。安いので、よく来ます。

8ばん

すみません、コピー機の使い方が分からないんですが。

1　はい。すぐ行きます。
2　ごゆっくりどうぞ。
3　じゃあ、喫茶店で。

9ばん

ちょっと食べすぎじゃない？

1　うん。修理しないとね。
2　そうだね。もうやめておくよ。
3　お気の毒ですね。

JLPT

N3 실전모의고사 4회 정답 및 청해 스크립트

1교시 언어지식(문자 · 어휘)

문제 1 [1] ② [2] ④ [3] ③ [4] ④ [5] ③ [6] ④ [7] ① [8] ②

문제 2 [9] ① [10] ④ [11] ② [12] ③ [13] ③ [14] ①

문제 3 [15] ② [16] ② [17] ③ [18] ④ [19] ② [20] ① [21] ① [22] ③ [23] ② [24] ② [25] ①

문제 4 [26] ③ [27] ③ [28] ① [29] ② [30] ④

문제 5 [31] ② [32] ④ [33] ① [34] ④ [35] ③

1교시 언어지식(문법) · 독해

문제 1 [1] ① [2] ① [3] ② [4] ④ [5] ③ [6] ① [7] ③ [8] ③ [9] ④ [10] ① [11] ③ [12] ② [13] ③

문제 2 [14] ② (3124) [15] ④ (3142) [16] ① (4213) [17] ③ (2134) [18] ④ (2341)

문제 3 [19] ① [20] ③ [21] ④ [22] ② [23] ③

문제 4 [24] ② [25] ② [26] ③ [27] ④

문제 5 [28] ③ [29] ② [30] ① [31] ③ [32] ④ [33] ②

문제 6 [34] ② [35] ④ [36] ② [37] ③

문제 7 [38] ② [39] ④

2교시 청해

문제 1 [1] ③ [2] ② [3] ① [4] ② [5] ④ [6] ④

문제 2 [1] ④ [2] ③ [3] ② [4] ③ [5] ④ [6] ②

문제 3 [1] ④ [2] ② [3] ③

문제 4 [1] ② [2] ③ [3] ① [4] ①

문제 5 [1] ③ [2] ① [3] ② [4] ① [5] ① [6] ① [7] ② [8] ② [9] ①

問題 1

問題１では、まず質問を聞いてください。それから話を聞いて、問題用紙の１から４の中から、最もよいものを一つえらんでください。

れい

ホテルで会社員の男の人と女の人が話しています。女の人は明日何時までにホテルを出ますか。

M　では、明日は、９時半に事務所にいらしてください。

F　はい、ええと、このホテルから事務所まで、タクシーでどのぐらいかかりますか。

M　そうですね、３０分もあれば着きますね。

F　じゃあ、９時に出ればいいですね。

M　あ、朝は道が混むかもしれません。１５分ぐらい早めに出られたほうがいいですね。

F　そうですか。じゃあ、そうします。

女の人は明日何時までにホテルを出ますか。

1 ばん

学校で高校生の男の子と先生が話しています。男の子はこれからまず、何をしますか。

F　ちょっと、この箱、教室まで運んで。

M　え、これ全部一人で運ぶんですか。

F　誰か他に手伝ってくれる人いない？

M　もう、みんな帰っちゃいました。僕もこれから部活があるので…。

F　そう。じゃあ、明日でいいわ。悪いけど、これ、何箱あるかだけ、数えておいてもらえる？

M　分かりました。

F　あ、教室の窓、閉まってるわよね？

M　はい。閉めました。

F　じゃあ、よろしくね。

M　はい。

男の子はこれからまず、何をしますか。

2 ばん

デパートで女の人が母親と買い物をしています。女の人はどんなかばんを買いますか。

F1　ねえねえ、お母さん。かばんがほしいんだけど。

F2　どういうの。

F1　リュックがほしいの、あ、こういう革のもかわいいし、布のもいいな。

F2　布のは汚れやすいから、やめたほうがいいよ。色も白しかないし。

F1　そうだね。うーん、じゃあ、こっちにする。茶色と黒とどっちがいいと思う？

F2　黒はあんまり…。ちょっと暗いかな。

F1　そう？　じゃあ、これにする。これ買って。

F2　はいはい。

女の人はどんなかばんを買いますか。

3 ばん

男の人が店員と話しています。男の人はまず何をしますか。

F　いらっしゃいませ。

M　この、カレーをください。

F　あ、すみません。お支払いが先になるんですが。

M　あ、そうですか。おいくらですか。

F　８２０円なんですが、あの、入り口に機械があるので、そこで先にチケットを買っていただけますか。

M　あ、そうなんですか。一万円札しかないんですけど、両替してもらえますか。

F　一万円札も使えますよ。

M　そうですか。分かりました。ありがとうございます。

男の人はまず何をしますか。

4 ばん

不動産屋で女の人が母親と話しています。女の人はどこに住むことにしましたか。

F1　やっぱり、マンションがいいなあ。最近、事件も多いし、安全なところ。

F2　それはそうだけど、家賃がねえ、ちょっと…。

F1　思ったより高いね。都心だからね。

F2　ちょっと会社から離れちゃうけど、郊外だったら、マンションでも借りれるんじゃない？

F1　そうねえ。早起きがちょっとつらいけど、アパートよりはいいか。

F2　そうよ。そうしたら。

F1　うん。

女の人はどこに住むことにしましたか。

5ばん

会社で男の人と女の人が話をしています。男の人はこのあと何をしますか。

F　どうしたんですか。顔色悪いですね。

M　ちょっと頭が痛くて…。疲れたんだと思います。

F　薬は飲みましたか。私、薬局に行って買ってきましょうか。

M　いえ。家に帰って休めばよくなると思います。

F　じゃあ、治らなかったら、必ず病院に行ってくださいね。お大事に。

M　はい。じゃあ、すみませんが、お先に失礼します。

男の人はこのあと何をしますか。

6ばん

母親と息子が話しています。母親はこれから何をしますか。

M　明日、学校で博物館へ行くんだ。

F　あら、じゃあ、お弁当を持っていくんでしょう。材料買ってこなくちゃ…。

M　ううん。向こうに食堂があるんだって。

F　そうなの。

M　それでね、お菓子を持っていきたいんだけど、お母さん、チョコレートを買ってきて。

F　チョコレートって言ってもいろいろあるからね。お金渡すから、自分で好きなの買ってきたら。

M　ほんとう？ やった。明日、体操服着ていくから、出しておいてね。

F　えっ、まだ洗ってないわよ。じゃあ、すぐ洗濯しなくちゃ。

M　うん。早くお金ちょうだい。

F　はい。いってらっしゃい。

母親はこれから何をしますか。

問題 2

問題 2 では、まず質問を聞いてください。そのあと、問題用紙を見てください。読む時間があります。それから話を聞いて、問題用紙の1から4の中から、最もよいものを一つえらんでください。

れい

女の人と男の人がスーパーで話しています。男の人はどうして自分で料理をしませんか。

F　あら、田中君、お買い物？

M　うん、夕飯を買いにね。

F　お弁当？ 自分で作らないの？ 時間ないか。

M　いや、そうじゃないんだ。

F　じゃあ、作ればいいのに。

M　作るのは嫌いじゃないんだ。でも、一人だと…。

F　材料が余っちゃう？

M　それはいいんだけど、一生懸命作っても一人で食べるだけじゃ、なんか寂しくて。

F　それもそうか。

男の人はどうして自分で料理をしませんか。

1ばん

銀行で、女の人が銀行の人と話しています。女の人は何をしたいですか。

F　すみません。これ、日本円に両替してください。

M　申し訳ありません、お客様。こちらではドルしか扱ってないんです。

F　え、そうなんですか。困ったなあ。

M　はい。ユーロは、この近くですと、東京支店で取り扱いがありますが。

F　東京駅ですか、もっと近くにはないですか。

M　インターネットでそういったサービスがあるようですが…。

F　分かりました。調べてみます。

女の人は何をしたいですか。

2 ばん

会社で、男の人と女の人が話しています。男の人はどうして忙しいのですか。

F　最近、忙しそうですね。
M　ええ。毎日夜遅くまで会社にいますよ。
F　新商品、そんなに売れてるんですか。
M　ああ、悪くはないんですけど、そんなに売れているってわけでもないですね。
F　じゃあ、どうして？
M　山田さん、知ってるでしょう。入院したんですよ。
F　え、そうなんですか。
M　そうそう、おかげで、大変ですよ。この報告書を書くのも本当は彼の仕事なんだけど…。
F　そうだったんですか。山田さん、何か病気でもしたんですか。
M　いや。階段で転んだらしいですよ。骨が折れちゃったんですって。

男の人はどうして忙しいのですか。

3 ばん

男の人と女の人が話しています。女の人はどうしてコンサートに行ったことがないのですか。

M　この間、ライブに行ってきたんだ。最高だったよ。
F　へえ、私生まれてから一度もコンサートとか、ライブとか行ったことないんだ。
M　そうなんだ。まあ、お金もかかるし、場所も遠かったり、いろいろ面倒だよね。
F　本当は行きたいんだけどね。情報があまりなくて、買おうと思ったときには、いつもなくなってるの。
M　あー、人気のあるアーティストはなかなか難しいよね。
F　そう。だから、DVDで我慢してるよ。
M　いつか行けるといいね。

女の人はどうしてコンサートに行ったことがないのですか。

4 ばん

男の人と女の人が話しています。男の人はどうして仕事を辞めますか。

F　せっかく入った新聞社なのにどうして？ 記者になるのが、夢だったんでしょ？
M　うん。そうだったんだけど、記者の仕事をして、いろいろな人と話をするうちにね、新しい夢ができたんだ。
F　いまから、また大学に入りなおすなんて大変だよ。
M　分かってるけど、挑戦したいんだ。
F　しかも、医学部なんて…。無事医者になるまでに何年かかると思ってるの？
M　時間はかかっても、苦しんでいる人を助けたいんだよ。
F　そうか。すごいね。頑張ってね。
M　ありがとう。

男の人はどうして仕事を辞めますか。

5 ばん

夫婦が話しています。二人は子どもに何を習わせますか。

F　お父さん、あの子、絵を習いたいって言うんだけど、どう思う？
M　絵か、あいつは体が弱いから、運動をしたほうがいいんじゃないか。
F　私も、スポーツをさせたいのよね。男の子だし。野球とか。
M　体を丈夫にするには、水泳がいいっていうけどね。
F　水泳か。なるほど。やってみたら、楽しいかもしれないし、やらせてみようかな。絵はもう少しあとでもいいしね。
M　本人がやりたいっていうんだから、両方やらせたらいいんじゃないか。
F　それもそうね。じゃあ、そうしましょう。

二人は子どもに何を習わせますか。

6ばん

男の人と女の人が話しています。男の人はどうして女の人に電話をしましたか。

M　もしもし。高橋です。

F　あ、久しぶり。元気？どうしたの？

M　あ、ちょっと話があって。そうそう、今度、高校のクラス会があるって聞いた？

F　うん。連絡来たよ。ちょっと行けそうにないけど。高橋くんは行くの？

M　いや、ぼくも行かない。仕事があるから。

F　みんな忙しいんだね。で、話って？

M　あ、話っていうのは、実は、うちの会社で語学のできる女の子探してるんだけど、興味ないかなあと思って。

F　え、何々？詳しい話を聞かせて。

M　うん。じゃあ、よかったら、明日、会おうよ。

F　分かった。

男の人はどうして女の人に電話をしましたか。

問題 3

問題3では、問題用紙に何もいんさつされていません。この問題は、ぜんたいとしてどんなないようかを聞く問題です。話の前に質問はありません。まず話を聞いてください。それから、質問とせんたくしを聞いて、1から4の中から、最もよいものを一つえらんでください。

れい

女の人が友達の家に来て話しています。

F1　田中です。

F2　あ、はあい。昨日友達が泊まりに来てたんで、片付いてないけど、入って。

F1　あ、でもここで。すぐ帰るから。あのう、この前借りた本なんだけど、ちょっと破れちゃって。

F2　え、本当？

F1　うん、このページなんだけど。

F2　あっ、うん、このくらいなら大丈夫、読めるし。

F1　ほんと？ ごめん。これからは気をつけるから。

F2　うん、いいよ。ねえ、入ってコーヒーでも飲んでいかない？

F1　ありがとう。

女の人は友達の家へ何をしに来ましたか。

1　謝りに来た

2　本を借りに来た

3　泊まりに来た

4　コーヒーを飲みに来た

1ばん

家の近くのバス停で、男の人と男の人の姉が話しています。

F　バス、なかなか来ないね。

M　うん。30分に来るはずなんだけど、道が混んでるのかなあ。このままだと、遅れちゃいそうで心配だなあ。9時半までに会場に入らないといけないんだけど。

F　いつ来るか分からないと不安だね。私、車出そうか。

M　え、でも、会社に遅れちゃうよ。

F　仕方ないよ。私は大丈夫。今までこのために一生懸命頑張ってきたんだから、遅刻して受けられなかったら、悲しいでしょ。

M　そうだけど…。

F　場所は北山大学だよね。今なら間に合うから、急いで家に戻ろう。

M　うん。

男の人は何をしに行きますか。

1　授業を受けに行く

2　仕事をしに行く

3　試合をしに行く

4　試験を受けに行く

2ばん

会社で女の人が部長と話しています。

M　新商品のサンプルができたんだが、ちょっと見てくれるか。

F　はい。ああ、今までのものよりもずっと軽いですね。持ち運びによさそうです。

M　そうだろう。でも、価格はそのままだ。

F　でも、これだと、材料にお金がかかりますよね？価格を上げないと、利益があまり出ないと思います。

M　利益も大事だが、安くて質のよい商品を作ることのほうが大事だろう。

F　おっしゃることは分かりますが、私は、質がよければ、値段が少し上がっても、買うと思います。

M　そうか、じゃあ、値上げも少し考えてみよう。

女の人は新商品についてどう考えていますか。

1　商品の質はよいが、価格が高すぎる。
2　商品の質はよいが、価格が安すぎる。
3　価格は適切だが、商品の質はよくない。
4　商品にも価格にも満足している。

3ばん

テレビで、女の人が話しています。

F　夏の空に広がる花火。美しいですよね。さて、この花火、一つ一つ手作りされています。花火作りというのは、機械で行うことが難しく、ほとんど手作りで行われるそうです。えー、ここに、出来上がった花火がありますが、この、３０センチほどの大きさの花火を作るのに、なんと、1ヶ月半もかかるそうです。とても、大変な作業ですね。このため、８月の花火大会が終わるとすぐに、次の年の花火大会に向けての、花火作りが始まるんだそうです。

何について話していますか。

1　花火大会の日程
2　花火の楽しみ方
3　花火作りの大変さ
4　花火の作り方

問題４

問題４では、えを見ながら質問を聞いてください。やじるし（➡）の人は何と言いますか。1から３の中から、最もよいものを一つえらんでください。

れい

ホテルのテレビが壊れています。何と言いますか。

1　テレビがつかないんですが。
2　テレビをつけてもいいですか。
3　テレビをつけたほうがいいですよ。

1ばん

お昼のメニューを決めたいです。何と言いますか。

1　お昼は、何か食べましょうか
2　お昼は、何を食べましょうか。
3　お昼は、何も食べませんか。

2ばん

切符売り場が分かりません。何と言いますか。

1　切符売り場を聞きましょう。
2　切符売り場を見ませんでしたか。
3　切符売り場はどこですか。

3ばん

後輩がけがをしました。何と言いますか。

1　けがの具合はどう？
2　けがの調子はいい？
3　けがの状況はどう？

4ばん

おみやげをもらいました。何と言いますか。

1　わあ、おいしそうですね。
2　つまらないものですが。
3　いつもお世話になっております。

問題５

問題５では、問題用紙に何もいんさつされていません。まず文を聞いてください。それから、そのへんじを聞いて、１から３の中から、最もよいものを一つえらんでください。

れい

すみません、今、時間、ありますか。

1　ええと、１０時２０分です。
2　ええ。何ですか。
3　時計はあそこですよ。

1ばん

コピー、3部ずつお願いね。

1　ご理解願います。
2　お伺いいたします
3　かしこまりました。

2ばん

昨日どうしてあんなに怒っていたの？

1　友達とけんかしたんだ。
2　試験に合格したんだ。
3　ドキドキするね。

3ばん

来週の約束、忘れてませんよね。

1　もちろんです。いい思い出になりました。
2　はい。楽しみにしています。
3　行けなくてすみませんでした。

4ばん

私、看護士になるのが夢なんだ。

1　そうなんだ。頑張ってね。
2　私も昨日夢を見たよ。
3　そうだったの。元気出してね。

5ばん

じゃあ、うちの犬、よろしく頼むね。

1　うん。心配しないで。
2　こちらこそ、よろしくね。
3　お会いできて嬉しいです。

6ばん

こちら、もう、ご覧になりましたか。

1　はい。拝見いたしました。
2　では、私がご案内します。
3　いいえ。まだ、いらっしゃってません。

7ばん

来月、結婚式をするんです。

1　それは驚いたでしょう。
2　じゃあ、準備が忙しいですね。
3　ええ。ぜひ来てください。

8ばん

ずいぶん、道が混んでますね

1　ほんと、がらがらですね。
2　全然、進みませんね。
3　タクシーに乗りましょうか。

9ばん

すみません、よく聞き取れなかったんですが。

1　じゃあ、もう一度説明します。
2　何か、お困りですか。
3　大きい声で話してください。

JLPT

N3 실전모의고사 5회 정답 및 청해 스크립트

1교시 언어지식(문자・어휘)

문제 1 1 ① 2 ④ 3 ② 4 ① 5 ③ 6 ① 7 ③ 8 ③

문제 2 9 ① 10 ③ 11 ④ 12 ④ 13 ① 14 ②

문제 3 15 ② 16 ③ 17 ④ 18 ① 19 ① 20 ④ 21 ② 22 ③ 23 ① 24 ④ 25 ②

문제 4 26 ③ 27 ② 28 ③ 29 ④ 30 ④

문제 5 31 ④ 32 ④ 33 ① 34 ④ 35 ③

1교시 언어지식(문법)・독해

문제 1 1 ④ 2 ② 3 ④ 4 ③ 5 ② 6 ③ 7 ① 8 ① 9 ④ 10 ③ 11 ④ 12 ② 13 ④

문제 2 14 ① (4312) 15 ③ (4132) 16 ① (4213) 17 ④ (2143) 18 ① (2413)

문제 3 19 ① 20 ④ 21 ① 22 ② 23 ④

문제 4 24 ② 25 ① 26 ③ 27 ③

문제 5 28 ① 29 ④ 30 ③ 31 ③ 32 ④ 33 ①

문제 6 34 ② 35 ② 36 ③ 37 ①

문제 7 38 ② 39 ②

2교시 청해

문제 1 1 ① 2 ④ 3 ② 4 ③ 5 ③ 6 ②

문제 2 1 ② 2 ③ 3 ① 4 ① 5 ④ 6 ②

문제 3 1 ① 2 ③ 3 ③

문제 4 1 ② 2 ① 3 ③ 4 ①

문제 5 1 ③ 2 ① 3 ③ 4 ① 5 ② 6 ① 7 ② 8 ③ 9 ①

問題１

問題１では、まず質問を聞いてください。それから話を聞いて、問題用紙の１から４の中から、最もよいものを一つえらんでください。

れい

ホテルで会社員の男の人と女の人が話しています。女の人は明日何時までにホテルを出ますか。

M　では、明日は、９時半に事務所にいらしてください。

F　はい、ええと、このホテルから事務所まで、タクシーでどのぐらいかかりますか。

M　そうですね、３０分もあれば着きますね。

F　じゃあ、９時に出ればいいですね。

M　あ、朝は道が混むかもしれません。１５分ぐらい早めに出られたほうがいいですね。

F　そうですか。じゃあ、そうします。

女の人は明日何時までにホテルを出ますか。

１ばん

男の人と女の人が話しています。男の人はどうするつもりですか。

M　ぼく、今、一人で暮らしてるんですけど、料理ができなくて困っているんです。

F　あー、コンビニのお弁当や外食ばっかりじゃ、体を壊しそうですね。

M　そうなんですよ。母親も電話するたびに心配していて。

F　あ、最近、男の料理教室とかって、流行ってるじゃないですか。

M　あー、ありますね。

F　あとは、体にいいお弁当を配達してくれるサービスもありますよ。

M　へえ。それは便利ですね。

F　うちに広告があるので、持って来ましょうか。

M　じゃあ、お弁当のほうをお願いします。

F　はい。

男の人はどうするつもりですか。

２ばん

デパートで女の人が店員と話しています。女の人は何をしますか。

F　１週間ほど前にここでボールペンを購入したんですが、今日、使おうと思ったら、ボールペンの先がすぐ中に入ってしまって書けないんです。返品はできますか。

M　あの、修理いたしましょうか。買ったばかりですので、交換も可能ですが。

F　実は、買ってからすぐに一度修理していただいているんです。そのときも、同じ原因だったんですけど。でも、ちゃんと直ってなかったみたいです。

M　そうでしたか。申し訳ありません。

F　デザインはすごく気に入ってるんですけど。

M　分かりました。今、お手続きしますね。申し訳ありませんでした。

女の人は何をしますか。

３ばん

会社で男の人と女の人が話しています。男の人が準備するものは何ですか。

F　みなさん、今回のイベントはみなさんのおかげで大成功でした。本当にお疲れ様でした。これから、会議室で、軽く飲んで、疲れを忘れましょう。

M　あ、じゃあ、ぼく、ビールと何かお菓子とか買ってきます。

F　いいのいいの。座って。お酒は買ってあるし、今電話でピザを頼んだから。

M　早いですね。あ、でも吉田さんとか、車ですよね。

F　あ、そっか。じゃあ、お酒はまずいね。

M　ジュース買ってきます。

男の人が準備するものは何ですか。

４ばん

デパートで女の人が店員と話しています。女の人はどうしますか。

F1　あ、このワンピース、かわいい。すみません。これ、他のサイズはありますか。

F2　えーっと、こちらがSサイズです。

F1　Sはちょっと小さいかなあ。Mはないですか。

F2　Mは売切れてしまったんです。申し訳ありません。

F1　えー、残念。すごくかわいいのに。

F2　似たような雰囲気のものでしたら、こちらはいかがですか。こちらはMもありますよ。

F1　ああ。うーん、でもやっぱりこれがいいなあ。でも、Sは多分、きついと思うんですよね。

F2　このブランド、すこし大きめなんですよ。よかったら、一度、着てみませんか。

F1　そうですね。そうします。

女の人はどうしますか。

5ばん

女の人と男の人が話しています。男の人は何を準備しなければいけませんか。

M　今度のキャンプ、僕は何を準備すればいい？

F　車は佐藤さんが出してくれるんだけど、テントを持ってる人がいなくてね。

M　テントはうちにもあるけど、キャンプ場でも借りられるそうだよ。

F　そう。じゃあ、借りられるものは借りましょう。肉と野菜は途中でみんなで一緒に買おう。あとは、食器はどうする？ 借りられるの？

M　ううん。食器はないって。

F　じゃあ、持ってきてくれる？

M　オーケー。

男の人は何を準備しなければいけませんか。

6ばん

美容院で女の人が美容師と話しています。女の人はどんな髪型にしますか。

M　今日はどのようにしますか。

F　カットをお願いします。

M　どのぐらい切りますか。

F　うーん。肩までの長さに切ってください。

M　パーマはかけないんですか。きっとお似合いになりますよ。

F　学校で禁止されてるんです。

M　そうなんですか。前髪はどうしますか。

F　短く切ってください。

M　分かりました。

女の人はどんな髪型にしますか。

問題 2

問題2では、まず質問を聞いてください。そのあと、問題用紙を見てください。読む時間があります。それから話を聞いて、問題用紙の1から4の中から、最もよいものを一つえらんでください。

れい

女の人と男の人がスーパーで話しています。男の人はどうして自分で料理をしませんか。

F　あら、田中君、お買い物？

M　うん、夕飯を買いにね。

F　お弁当？ 自分で作らないの？ 時間ないか。

M　いや、そうじゃないんだ。

F　じゃあ、作ればいいのに。

M　作るのは嫌いじゃないんだ。でも、一人だと…。

F　材料が余っちゃう？

M　それはいいんだけど、一生懸命作っても一人で食べるだけじゃ、なんか寂しくて。

F　それもそうか。

男の人はどうして自分で料理をしませんか。

1ばん

女の人が母親と話しています。女の人はどうして遅く帰ってきましたか。

F1　こんな遅くまで、何をしていたの？

F2　サークルが終わってすぐ帰ってきたんだけど、こんな時間になっちゃった。

F1　ずいぶん遅くまでサークルの練習をしていたのね。

F2　そうじゃなくて、帰りの電車が事故で止まってて。それで、バスに乗り遅れちゃったの。

F1　本当に？ 友達とご飯でも食べていたんじゃないの。

F2　まさかまさか。あー、おなかすいた。

女の人はどうして遅く帰ってきましたか。

2ばん

男の人と女の人が話しています。男の人はどうして部屋に写真を飾らないのですか。

F　へえ、これアルバム？見ていい？

M　え、ちょっと恥ずかしいなあ。いいよ。

F　そういえば、部屋に写真一枚もないね。飾るの好きじゃないの？

M　ううん。前は飾ってたんだけどね。今は猫がいるからね。

F　ああ。この子ね。

M　そう。せっかく飾っても、全部、倒しちゃうからね。直すのが大変。

F　なるほどね。

男の人はどうして部屋に写真を飾らないのですか。

3ばん

夫婦が会話をしています。女の人がこの病院を選んだ理由は何ですか。

F　ずいぶんのどがはれちゃったみたい。

M　病院行ってきたら？

F　うん。駅前のさくら医院に行こうかな。あそこ、先生が親切なの。ただ、けっこう待たされるのよね。うーん。中村内科に行こうかな。

M　一番よく行くのはどこ？

F　山田クリニック。子どもにお菓子をくれるのよ。だから、子どもを連れて行かなきゃいけないときは、だいたいあそこかな。

M　今日は、ぼくが子どもを見てるから。

F　そうね。じゃあ、さくらにしよう。

女の人がこの病院を選んだ理由は何ですか。

4ばん

これは水族館で流れたアナウンスです。水族館では何を募集していますか。

F　アクアワールド水族館では、あなたの作品を募集しています。アクアワールドで見た珍しい魚や面白い生き物の絵を描いて応募してみませんか。海や川に住む生き物であれば、何でも構いません、どんどん送ってください。選ばれた作品は1階のわくわく広場に展示されます。また、アクアワールド水族館の入場券を2枚プレゼントいたします。締め切りは、10月15日土曜日です。たくさんのご応募をお待ちしております。

水族館では何を募集していますか。

5ばん

女の人と男の人が話しています。女の人はどんな方法でダイエットをしていますか。

M　ダイエットしてるって本当ですか。

F　はい。高校時代ずっとバスケットボールをしていたんですけど、大学に入って辞めたんですよ。それなのに、そのころと同じように食べてたら、太ってしまって。

M　また運動を始めたんですか。

F　いえ、私、ドーナツが大好きで、毎日、帰りに買ってたんですけど、今は我慢しています。

M　食事はきちんと食べてくださいね。体に悪いですから。

F　あ、ご飯はちゃんと食べています。

M　そうですか。頑張ってください。

女の人はどんな方法でダイエットをしていますか。

6ばん

夫婦が電話で話しています。男の人はどうやって帰りますか。

M　もしもし。今日、11時ごろに駅に着くんだけど、駅まで車で迎えに来てくれないかな。

F　えっ。そんな遅い時間に？

M　うん。申し訳ないんだけど、もうバスもない時間だからさ。

F　タクシーに乗ればいいんじゃない。

M　高いと思って…。運動のために歩いてもいいんだけど、疲れてるし、荷物もあるしなあ。分かった。じゃあ、そうするよ。

F　うん。気をつけてきてね。

男の人はどうやって帰りますか。

問題 3

問題3では、問題用紙に何もいんさつされていません。この問題は、ぜんたいとしてどんなないようかを聞く問題です。話の前に質問はありません。まず話を聞いてください。それから、質問とせんたくしを聞いて、1から4の中から、最もよいものを一つえらんでください。

れい

女の人が友達の家に来て話しています。

F1 田中です。

F2 あ、はあい。昨日友達が泊まりに来てたんで、片付いてないけど、入って。

F1 あ、でもここで。すぐ帰るから。あのう、この前借りた本なんだけど、ちょっと破れちゃって。

F2 え、本当？

F1 うん、このページなんだけど。

F2 あっ、うん、このくらいなら大丈夫、読めるし。

F1 ほんと？ ごめん。これからは気をつけるから。

F2 うん、いいよ。ねえ、入ってコーヒーでも飲んでいかない?

F1 ありがとう。

女の人は友達の家へ何をしに来ましたか。

1 謝りに来た

2 本を借りに来た

3 泊まりに来た

4 コーヒーを飲みに来た

1ばん

駅で男の人と女の人が話しています。

F わざわざ来てくれてありがとう。

M うん。向こうに行っても頑張ってね。たまには連絡してね。

F うん。休みには遊びに来てよ。観光地もいっぱいあるし。

M そうだね。行くよ。あ、これ、お弁当。そこで買ったんだ。よかったら、電車の中で食べて。

F ありがとう。ね、最後に一緒に記念写真撮らない?

M うん。じゃあ、駅の人にとってもらおう。

F うん。

男の人は何をしに来ましたか。

1 見送りに来た

2 旅行をしに来た

3 写真を撮りに来た

4 お弁当を買いに来た。

2ばん

テレビで女の人が話しています。

F 大学を卒業したとき、私はまだやりたいことが決まっていませんでした。外国が好きでフランスに興味があったので、フランスの田舎の家庭で農業の手伝いをするボランティアをしました。手伝いながら農薬を使わない農業の方法を学びました。また、私たちが食べている野菜や果物などが、手間と時間をかけて育てられていることを知り、食べ物の大切さについて考えさせられました。これらの経験を通して、私はできるだけ多くの人に体にいい物を食べてもらいたいと思うようになりました。今は日本で自分で作った野菜を使ったレストランを始める準備をしています。

女の人は何について話していますか。

1 フランスの田舎の魅力

2 野菜や果物の育て方

3 レストランを始めようと思ったきっかけ

4 農薬を使わないことの大切さ

3ばん

大学生の男の人と女の人が話しています。

F 体育の授業、スキーを取ったんだって?

M うん。冬休みに5泊の合宿があって、参加してきたよ。

F どうだった?

M スキーは初めてだったんだけど、結構長い時間練習したから、最後には中級コースでも滑れたよ。

F へえ、すごい。私も来年スキーの授業取ろうかな。

M うん。でも、参加するなら、仲のいい友達と一緒に行ったほうがいいよ。ぼくは、一人で参加したから、話す人がいなくてね。友達と一緒だったらきっと楽しかったのに…。

F そう。じゃあ、そうするよ。

男の人はスキー合宿についてどう考えていますか。

1　上手にならなかったが、楽しかった。
2　上手にならなかったし、楽しくなかった。
3　上手になったが、楽しくなかった。
4　上手になったし、楽しかった。

問題 4

問題４では、えを見ながら質問を聞いてください。やじるし（➡）の人は何と言いますか。１から３の中から、最もよいものを一つえらんでください。

れい

ホテルのテレビが壊れています。何と言いますか。

1　テレビがつかないんですが。
2　テレビをつけてもいいですか。
3　テレビをつけたほうがいいですよ。

1 ばん

お皿の上のケーキを食べたいです。何と言いますか。

1　これ、食べてみて。
2　これ、食べてもいい？
3　これ、食べられる？

2 ばん

新しい年が始まりました。何と言いますか。

1　あけましておめでとうございます。
2　よいお年を。
3　よく、いらっしゃいました。

3 ばん

レストランでお金を払います。店員に何と言いますか。

1　ご注文お願いします。
2　お支払いください。
3　お会計お願いします。

4 ばん

後輩がミスをしました。後輩に何と言いますか。

1　今後、気をつけてね。
2　迷惑かけてごめん。
3　これからも頑張って。

問題 5

問題５では、問題用紙に何もいんさつされていません。まず文を聞いてください。それから、そのへんじを聞いて、１から３の中から、最もよいものを一つえらんでください。

れい

すみません、今、時間、ありますか。

1　ええと、１０時２０分です。
2　ええ。何ですか。
3　時計はあそこですよ。

1 ばん

今度の社員旅行、行くでしょう？

1　いや、今日はまっすぐ帰るよ。
2　いいねえ、一杯行きましょうか。
3　もちろん参加します。

2 ばん

これ、全部捨てていいんですよね。

1　はい。燃えるゴミです。
2　はい。捨てておきます。
3　ええ、よろしかったら、田中さんもどうぞ。

3 ばん

買ったばかりなのに、壊れちゃった。

1　うん。さっき買ったところだよ。
2　もう、３年も使ったからね。
3　じゃあ、サービスセンターに電話したら？

4ばん

事故の原因は何ですか。

1　前をよく見ていなかったようです。
2　それは、大変でしたね。
3　ええ、怪我をしました。

5ばん

空港に何をしに行くんですか。

1　飛行機、到着しましたよ。
2　母を迎えにいくんです。
3　ええ、海外旅行はよく行きますよ。

6ばん

郵便局に行ってきます。

1　じゃあ、切手買ってきて。
2　いいなあ。私、行ったことない。
3　きれいに掃除してきてね

7ばん

うわあ、ずいぶん並んでますね。

1　ええ。人気がないんですね。
2　そうですね。他の店にしましょうか。
3　はい、本当においしいですね。

8ばん

アンケートにご協力お願いします。

1　忙しいところ、ありがとうございます。
2　分かりました。いくらですか。
3　すみません、急いでいるので。

9ばん

お客様のお名前をご記入ください。

1　えーと、どこに書けばいいですか。
2　はい。さとうたかしです。
3　ええ、こちらにどうぞ。

にほんごのうりょくしけん　かいとうようし

N3 1회

げんごちしき（もじ・ごい）

じゅけんばんごう Examinee Registration Number	

なまえ Name	

〈ちゅうい Notes〉

1. くろい えんぴつ（HB、No.2）で かいて ください。（ペンや ボールペンでは かかないで ください。）
   Use a black medium soft (HB or No.2) pencil. (Do not use any kind of pen.)
2. かきなおす ときは、けしゴムで きれいに けして ください。
   Erase any unintended marks completely.
3. きたなく したり、おったり しないで ください。
   Do not soil or bend this sheet.
4. マークれい Marking examples

よい れい Correct Example	わるい れい Incorrect Examples
●	⊘○◎⦶⊜◐●

問題 1				
1	①	②	③	④
2	①	②	③	④
3	①	②	③	④
4	①	②	③	④
5	①	②	③	④
6	①	②	③	④
7	①	②	③	④
8	①	②	③	④
問題 2				
9	①	②	③	④
10	①	②	③	④
11	①	②	③	④
12	①	②	③	④
13	①	②	③	④
14	①	②	③	④

問題 3				
15	①	②	③	④
16	①	②	③	④
17	①	②	③	④
18	①	②	③	④
19	①	②	③	④
20	①	②	③	④
21	①	②	③	④
22	①	②	③	④
23	①	②	③	④
24	①	②	③	④
25	①	②	③	④

問題 4				
26	①	②	③	④
27	①	②	③	④
28	①	②	③	④
29	①	②	③	④
30	①	②	③	④
問題 5				
31	①	②	③	④
32	①	②	③	④
33	①	②	③	④
34	①	②	③	④
35	①	②	③	④

にほんごのうりょくしけん　かいとうようし

N3 1회

げんごちしき（ぶんぽう）・どっかい

じゅけんばんごう Examinee Registration Number	

なまえ Name	

〈ちゅうい Notes〉

1. くろい えんぴつ（HB、No.2）で かいて ください。（ペンや ボールペンでは かかないで ください。）
   Use a black medium soft (HB or No.2) pencil.
   (Do not use any kind of pen.)
2. かきなおす ときは、けしゴムで きれいに けして ください。
   Erase any unintended marks completely.
3. きたなく したり、おったり しないで ください。
   Do not soil or bend this sheet.
4. マークれい Marking examples

よい れい Correct Example	わるい れい Incorrect Examples
●	⊘ ○ ○ ◎ ⊖ ◐ ●

問題 1				
1	①	②	③	④
2	①	②	③	④
3	①	②	③	④
4	①	②	③	④
5	①	②	③	④
6	①	②	③	④
7	①	②	③	④
8	①	②	③	④
9	①	②	③	④
10	①	②	③	④
11	①	②	③	④
12	①	②	③	④
13	①	②	③	④
問題 2				
14	①	②	③	④
15	①	②	③	④
16	①	②	③	④
17	①	②	③	④
18	①	②	③	④
問題 3				
19	①	②	③	④
20	①	②	③	④
21	①	②	③	④
22	①	②	③	④
23	①	②	③	④

問題 4				
24	①	②	③	④
25	①	②	③	④
26	①	②	③	④
27	①	②	③	④
問題 5				
28	①	②	③	④
29	①	②	③	④
30	①	②	③	④
31	①	②	③	④
32	①	②	③	④
33	①	②	③	④
問題 6				
34	①	②	③	④
35	①	②	③	④
36	①	②	③	④
37	①	②	③	④
問題 7				
38	①	②	③	④
39	①	②	③	④

にほんごのうりょくしけん　かいとうようし

N3 1회
ちょうかい

じゅけんばんごう Examinee Registration Number	

なまえ Name	

〈ちゅうい Notes〉
1. くろい えんぴつ (HB、No2) で かいて ください。(ペンや ボールペンでは かかないで ください。)
Use a black medium soft (HB or No 2) pencil.
(Do not use any kind of pen.)
2. かきなおす ときは、けしゴムで きれいに けして ください。
Erase any unintended marks completely.
3. きたなく したり、おったり しないで ください。
Do not soil or bend this sheet.
4. マークれい Marking examples

よい れい Correct Example	わるい れい Incorrect Examples
●	⊗ ○ ◎ ⦶ ⊜ ◐ ●

問題 1

れい	●	②	③	④
1	①	②	③	④
2	①	②	③	④
3	①	②	③	④
4	①	②	③	④
5	①	②	③	④
6	①	②	③	④

問題 2

れい	①	②	③	●
1	①	②	③	④
2	①	②	③	④
3	①	②	③	④
4	①	②	③	④
5	①	②	③	④
6	①	②	③	④

問題 3

れい	●	②	③	④
1	①	②	③	④
2	①	②	③	④
3	①	②	③	④

問題 4

れい	●	②	③
1	①	②	③
2	①	②	③
3	①	②	③
4	①	②	③

問題 5

れい	①	●	③
1	①	②	③
2	①	②	③
3	①	②	③
4	①	②	③
5	①	②	③
6	①	②	③
7	①	②	③
8	①	②	③
9	①	②	③

にほんごのうりょくしけん　かいとうようし

N3 2회

げんごちしき（もじ・ごい）

じゅけんばんごう Examinee Registration Number	

なまえ Name	

〈ちゅうい Notes〉

1. くろい えんぴつ（HB、№2）で かいて ください。（ペンや ボールペンでは かかないで ください。）
Use a black medium soft (HB or No.2) pencil.
(Do not use any kind of pen.)
2. かきなおす ときは、けしゴムで きれいに けして ください。
Erase any unintended marks completely.
3. きたなく したり、おったり しないで ください。
Do not soil or bend this sheet.
4. マークれい Marking examples

よい れい Correct Example	わるい れい Incorrect Examples
●	⊘ ◯ ◯ ⓪ ⊜ ◐ ●

問題 1				
1	①	②	③	④
2	①	②	③	④
3	①	②	③	④
4	①	②	③	④
5	①	②	③	④
6	①	②	③	④
7	①	②	③	④
8	①	②	③	④

問題 2				
9	①	②	③	④
10	①	②	③	④
11	①	②	③	④
12	①	②	③	④
13	①	②	③	④
14	①	②	③	④

問題 3				
15	①	②	③	④
16	①	②	③	④
17	①	②	③	④
18	①	②	③	④
19	①	②	③	④
20	①	②	③	④
21	①	②	③	④
22	①	②	③	④
23	①	②	③	④
24	①	②	③	④
25	①	②	③	④

問題 4				
26	①	②	③	④
27	①	②	③	④
28	①	②	③	④
29	①	②	③	④
30	①	②	③	④

問題 5				
31	①	②	③	④
32	①	②	③	④
33	①	②	③	④
34	①	②	③	④
35	①	②	③	④

にほんごのうりょくしけん　かいとうようし

N3 2회

げんごちしき（ぶんぽう）・どっかい

じゅけんばんごう Examinee Registration Number	

なまえ Name	

〈ちゅうい Notes〉
1. くろい えんぴつ（HB、№2）で かいて ください。
（ペンや ボールペンでは かかないで ください。）
Use a black medium soft (HB or No.2) pencil.
(Do not use any kind of pen.)
2. かきなおす ときは、けしゴムで きれいに けして ください。
Erase any unintended marks completely.
3. きたなく したり、おったり しないで ください。
Do not soil or bend this sheet.
4. マークれい Marking examples

よい れい Correct Example	わるい れい Incorrect Examples
●	⊗◯◎⦶⊜◐●

問題 1				
1	①	②	③	④
2	①	②	③	④
3	①	②	③	④
4	①	②	③	④
5	①	②	③	④
6	①	②	③	④
7	①	②	③	④
8	①	②	③	④
9	①	②	③	④
10	①	②	③	④
11	①	②	③	④
12	①	②	③	④
13	①	②	③	④
問題 2				
14	①	②	③	④
15	①	②	③	④
16	①	②	③	④
17	①	②	③	④
18	①	②	③	④
問題 3				
19	①	②	③	④
20	①	②	③	④
21	①	②	③	④
22	①	②	③	④
23	①	②	③	④

問題 4				
24	①	②	③	④
25	①	②	③	④
26	①	②	③	④
27	①	②	③	④
問題 5				
28	①	②	③	④
29	①	②	③	④
30	①	②	③	④
31	①	②	③	④
32	①	②	③	④
33	①	②	③	④
問題 6				
34	①	②	③	④
35	①	②	③	④
36	①	②	③	④
37	①	②	③	④
問題 7				
38	①	②	③	④
39	①	②	③	④

にほんごのうりょくしけん　かいとうようし

N3 2회
ちょうかい

じゅけんばんごう Examinee Registration Number	

なまえ Name	

〈ちゅうい Notes〉

1. くろい えんぴつ（HB、No.2）で かいて ください。（ペンや ボールペンでは かかないで ください。）
Use a black medium soft (HB or No.2) pencil.
(Do not use any kind of pen.)
2. かきなおす ときは、けしゴムで きれいに けして ください。
Erase any unintended marks completely.
3. きたなく したり、おったり しないで ください。
Do not soil or bend this sheet.
4. マークれい Marking examples

よい れい Correct Example	わるい れい Incorrect Examples
●	⊗○◎⦶⊜◐◉

問題 1				
れい	●	②	③	④
1	①	②	③	④
2	①	②	③	④
3	①	②	③	④
4	①	②	③	④
5	①	②	③	④
6	①	②	③	④

問題 2				
れい	①	②	③	●
1	①	②	③	④
2	①	②	③	④
3	①	②	③	④
4	①	②	③	④
5	①	②	③	④
6	①	②	③	④

問題 3				
れい	●	②	③	④
1	①	②	③	④
2	①	②	③	④
3	①	②	③	④

問題 4			
れい	●	②	③
1	①	②	③
2	①	②	③
3	①	②	③
4	①	②	③

問題 5			
れい	①	●	③
1	①	②	③
2	①	②	③
3	①	②	③
4	①	②	③
5	①	②	③
6	①	②	③
7	①	②	③
8	①	②	③
9	①	②	③

にほんごのうりょくしけん　かいとうようし

N3 3회

げんごちしき（もじ・ごい）

じゅけんばんごう Examinee Registration Number	

なまえ Name	

〈ちゅうい Notes〉

1. くろい えんぴつ（HB、No.2）で かいて ください。（ペンや ボールペンでは かかないで ください。）
   Use a black medium soft (HB or No.2) pencil. (Do not use any kind of pen.)
2. かきなおす ときは、けしゴムで きれいに けして ください。
   Erase any unintended marks completely.
3. きたなく したり、おったり しないで ください。
   Do not soil or bend this sheet.
4. マークれい Marking examples

よい れい Correct Example	わるい れい Incorrect Examples
●	⊗ ○ ◎ ⦶ ⊖ ◐ ●

問題 1				
1	①	②	③	④
2	①	②	③	④
3	①	②	③	④
4	①	②	③	④
5	①	②	③	④
6	①	②	③	④
7	①	②	③	④
8	①	②	③	④

問題 2				
9	①	②	③	④
10	①	②	③	④
11	①	②	③	④
12	①	②	③	④
13	①	②	③	④
14	①	②	③	④

問題 3				
15	①	②	③	④
16	①	②	③	④
17	①	②	③	④
18	①	②	③	④
19	①	②	③	④
20	①	②	③	④
21	①	②	③	④
22	①	②	③	④
23	①	②	③	④
24	①	②	③	④
25	①	②	③	④

問題 4				
26	①	②	③	④
27	①	②	③	④
28	①	②	③	④
29	①	②	③	④
30	①	②	③	④

問題 5				
31	①	②	③	④
32	①	②	③	④
33	①	②	③	④
34	①	②	③	④
35	①	②	③	④

にほんごのうりょくしけん　かいとうようし

N3 3회

げんごちしき（ぶんぽう）・どっかい

じゅけんばんごう Examinee Registration Number	

なまえ Name	

〈ちゅうい Notes〉
1. くろい えんぴつ（HB、No.2）で かいて ください。（ペンや ボールペンでは かかないで ください。）
Use a black medium soft (HB or No.2) pencil.
(Do not use any kind of pen.)
2. かきなおす ときは、けしゴムで きれいに けして ください。
Erase any unintended marks completely.
3. きたなく したり、おったり しないで ください。
Do not soil or bend this sheet.
4. マークれい Marking examples

よい れい Correct Example	わるい れい Incorrect Examples
●	⊘ ○ ◎ ⦶ ⊜ ◐ ●

問題 1				
1	①	②	③	④
2	①	②	③	④
3	①	②	③	④
4	①	②	③	④
5	①	②	③	④
6	①	②	③	④
7	①	②	③	④
8	①	②	③	④
9	①	②	③	④
10	①	②	③	④
11	①	②	③	④
12	①	②	③	④
13	①	②	③	④
問題 2				
14	①	②	③	④
15	①	②	③	④
16	①	②	③	④
17	①	②	③	④
18	①	②	③	④
問題 3				
19	①	②	③	④
20	①	②	③	④
21	①	②	③	④
22	①	②	③	④
23	①	②	③	④

問題 4				
24	①	②	③	④
25	①	②	③	④
26	①	②	③	④
27	①	②	③	④
問題 5				
28	①	②	③	④
29	①	②	③	④
30	①	②	③	④
31	①	②	③	④
32	①	②	③	④
33	①	②	③	④
問題 6				
34	①	②	③	④
35	①	②	③	④
36	①	②	③	④
37	①	②	③	④
問題 7				
38	①	②	③	④
39	①	②	③	④

にほんごのうりょくしけん　かいとうようし

N3 3회
ちょうかい

じゅけんばんごう Examinee Registration Number	

なまえ Name	

〈ちゅうい Notes〉
1. くろい えんぴつ（HB、No.2）で かいて ください。（ペンや ボールペンでは かかないで ください。）
Use a black medium soft (HB or No.2) pencil.
(Do not use any kind of pen.)
2. かきなおす ときは、けしゴムで きれいに けして ください。
Erase any unintended marks completely.
3. きたなく したり、おったり しないで ください。
Do not soil or bend this sheet.
4. マークれい Marking examples

よい れい Correct Example	わるい れい Incorrect Examples
●	⊘ ○ ◎ ⦶ ⊜ ◐ ●

問　題　1				
れい	●	②	③	④
1	①	②	③	④
2	①	②	③	④
3	①	②	③	④
4	①	②	③	④
5	①	②	③	④
6	①	②	③	④

問　題　2				
れい	①	②	③	●
1	①	②	③	④
2	①	②	③	④
3	①	②	③	④
4	①	②	③	④
5	①	②	③	④
6	①	②	③	④

問　題　3				
れい	●	②	③	④
1	①	②	③	④
2	①	②	③	④
3	①	②	③	④

問　題　4			
れい	●	②	③
1	①	②	③
2	①	②	③
3	①	②	③
4	①	②	③

問　題　5			
れい	①	●	③
1	①	②	③
2	①	②	③
3	①	②	③
4	①	②	③
5	①	②	③
6	①	②	③
7	①	②	③
8	①	②	③
9	①	②	③

にほんごのうりょくしけん　かいとうようし

N3 4회

げんごちしき（もじ・ごい）

じゅけんばんごう Examinee Registration Number	

なまえ Name	

〈ちゅうい Notes〉
1. くろい えんぴつ（HB、No.2）で かいて ください。（ペンや ボールペンでは かかないで ください。）
Use a black medium soft (HB or No.2) pencil.
(Do not use any kind of pen.)
2. かきなおす ときは、けしゴムで きれいに けして ください。
Erase any unintended marks completely.
3. きたなく したり、おったり しないで ください。
Do not soil or bend this sheet.
4. マークれい Marking examples

よい れい Correct Example	わるい れい Incorrect Examples
●	⊘◯◯◎⊖◐●

問題 1				
1	①	②	③	④
2	①	②	③	④
3	①	②	③	④
4	①	②	③	④
5	①	②	③	④
6	①	②	③	④
7	①	②	③	④
8	①	②	③	④

問題 2				
9	①	②	③	④
10	①	②	③	④
11	①	②	③	④
12	①	②	③	④
13	①	②	③	④
14	①	②	③	④

問題 3				
15	①	②	③	④
16	①	②	③	④
17	①	②	③	④
18	①	②	③	④
19	①	②	③	④
20	①	②	③	④
21	①	②	③	④
22	①	②	③	④
23	①	②	③	④
24	①	②	③	④
25	①	②	③	④

問題 4				
26	①	②	③	④
27	①	②	③	④
28	①	②	③	④
29	①	②	③	④
30	①	②	③	④

問題 5				
31	①	②	③	④
32	①	②	③	④
33	①	②	③	④
34	①	②	③	④
35	①	②	③	④

にほんごのうりょくしけん　かいとうようし

N3 4회

げんごちしき（ぶんぽう）・どっかい

じゅけんばんごう Examinee Registration Number	

なまえ Name	

〈ちゅうい Notes〉
1. くろい えんぴつ（HB、No.2）で かいて ください。
（ペンや ボールペンでは かかないで ください。）
Use a black medium soft (HB or No.2) pencil.
(Do not use any kind of pen.)
2. かきなおす ときは、けしゴムで きれいに けして ください。
Erase any unintended marks completely.
3. きたなく したり、おったり しないで ください。
Do not soil or bend this sheet.
4. マークれい Marking examples

よい れい Correct Example	わるい れい Incorrect Examples
●	⊗ ◯ ⊖ ◎ ⊜ ◑ ●

問題 1				
1	①	②	③	④
2	①	②	③	④
3	①	②	③	④
4	①	②	③	④
5	①	②	③	④
6	①	②	③	④
7	①	②	③	④
8	①	②	③	④
9	①	②	③	④
10	①	②	③	④
11	①	②	③	④
12	①	②	③	④
13	①	②	③	④
問題 2				
14	①	②	③	④
15	①	②	③	④
16	①	②	③	④
17	①	②	③	④
18	①	②	③	④
問題 3				
19	①	②	③	④
20	①	②	③	④
21	①	②	③	④
22	①	②	③	④
23	①	②	③	④

問題 4				
24	①	②	③	④
25	①	②	③	④
26	①	②	③	④
27	①	②	③	④
問題 5				
28	①	②	③	④
29	①	②	③	④
30	①	②	③	④
31	①	②	③	④
32	①	②	③	④
33	①	②	③	④
問題 6				
34	①	②	③	④
35	①	②	③	④
36	①	②	③	④
37	①	②	③	④
問題 7				
38	①	②	③	④
39	①	②	③	④

にほんごのうりょくしけん　かいとうようし

N3 4회
ちょうかい

じゅけんばんごう Examinee Registration Number	

なまえ Name	

〈ちゅうい Notes〉
1. くろい えんぴつ (HB、No.2) で かいて ください。(ペンや ボールペンでは かかないで ください。)
Use a black medium soft (HB or No.2) pencil.
(Do not use any kind of pen.)
2. かきなおす ときは、けしゴムで きれいに けして ください。
Erase any unintended marks completely.
3. きたなく したり、おったり しないで ください。
Do not soil or bend this sheet.
4. マークれい Marking examples

よい れい Correct Example	わるい れい Incorrect Examples
●	⊗ ○ ○ ◎ ⊖ ◐ ●

問題 1				
れい	●	②	③	④
1	①	②	③	④
2	①	②	③	④
3	①	②	③	④
4	①	②	③	④
5	①	②	③	④
6	①	②	③	④

問題 2				
れい	①	②	③	●
1	①	②	③	④
2	①	②	③	④
3	①	②	③	④
4	①	②	③	④
5	①	②	③	④
6	①	②	③	④

問題 3				
れい	●	②	③	④
1	①	②	③	④
2	①	②	③	④
3	①	②	③	④

問題 4			
れい	●	②	③
1	①	②	③
2	①	②	③
3	①	②	③
4	①	②	③

問題 5			
れい	①	●	③
1	①	②	③
2	①	②	③
3	①	②	③
4	①	②	③
5	①	②	③
6	①	②	③
7	①	②	③
8	①	②	③
9	①	②	③

にほんごのうりょくしけん　かいとうようし

N3 5회

げんごちしき（もじ・ごい）

じゅけんばんごう Examinee Registration Number	

なまえ Name	

〈ちゅうい Notes〉

1. くろい えんぴつ（HB、No2）で かいて ください。（ペンや ボールペンでは かかないで ください。）
   Use a black medium soft (HB or No.2) pencil.
   (Do not use any kind of pen.)
2. かきなおす ときは、けしゴムで きれいに けして ください。
   Erase any unintended marks completely.
3. きたなく したり、おったり しないで ください。
   Do not soil or bend this sheet.
4. マークれい Marking examples

よい れい Correct Example	わるい れい Incorrect Examples
●	⊘◯◯⦶⊜◐●

問題 1				
1	①	②	③	④
2	①	②	③	④
3	①	②	③	④
4	①	②	③	④
5	①	②	③	④
6	①	②	③	④
7	①	②	③	④
8	①	②	③	④

問題 2				
9	①	②	③	④
10	①	②	③	④
11	①	②	③	④
12	①	②	③	④
13	①	②	③	④
14	①	②	③	④

問題 3				
15	①	②	③	④
16	①	②	③	④
17	①	②	③	④
18	①	②	③	④
19	①	②	③	④
20	①	②	③	④
21	①	②	③	④
22	①	②	③	④
23	①	②	③	④
24	①	②	③	④
25	①	②	③	④

問題 4				
26	①	②	③	④
27	①	②	③	④
28	①	②	③	④
29	①	②	③	④
30	①	②	③	④

問題 5				
31	①	②	③	④
32	①	②	③	④
33	①	②	③	④
34	①	②	③	④
35	①	②	③	④

にほんごのうりょくしけん　かいとうようし

N3 5회

げんごちしき（ぶんぽう）・どっかい

じゅけんばんごう Examinee Registration Number	

なまえ Name	

〈ちゅうい Notes〉

1. くろい えんぴつ（HB、No.2）で かいて ください。（ペンや ボールペンでは かかないで ください。）
Use a black medium soft (HB or No.2) pencil.
(Do not use any kind of pen.)
2. かきなおす ときは、けしゴムで きれいに けして ください。
Erase any unintended marks completely.
3. きたなく したり、おったり しないで ください。
Do not soil or bend this sheet.
4. マークれい Marking examples

よい れい Correct Example	わるい れい Incorrect Examples
●	⊘◯◎⦶◍◐◉

問題 1				
1	①	②	③	④
2	①	②	③	④
3	①	②	③	④
4	①	②	③	④
5	①	②	③	④
6	①	②	③	④
7	①	②	③	④
8	①	②	③	④
9	①	②	③	④
10	①	②	③	④
11	①	②	③	④
12	①	②	③	④
13	①	②	③	④
問題 2				
14	①	②	③	④
15	①	②	③	④
16	①	②	③	④
17	①	②	③	④
18	①	②	③	④
問題 3				
19	①	②	③	④
20	①	②	③	④
21	①	②	③	④
22	①	②	③	④
23	①	②	③	④

問題 4				
24	①	②	③	④
25	①	②	③	④
26	①	②	③	④
27	①	②	③	④
問題 5				
28	①	②	③	④
29	①	②	③	④
30	①	②	③	④
31	①	②	③	④
32	①	②	③	④
33	①	②	③	④
問題 6				
34	①	②	③	④
35	①	②	③	④
36	①	②	③	④
37	①	②	③	④
問題 7				
38	①	②	③	④
39	①	②	③	④

にほんごのうりょくしけん　かいとうようし

N3 5회
ちょうかい

じゅけんばんごう Examinee Registration Number	

なまえ Name	

〈ちゅうい Notes〉
1. くろい えんぴつ（HB、No.2）で かいて ください。（ペンや ボールペンでは かかないで ください。）
Use a black medium soft (HB or No.2) pencil. (Do not use any kind of pen.)
2. かきなおす ときは、けしゴムで きれいに けして ください。
Erase any unintended marks completely.
3. きたなく したり、おったり しないで ください。
Do not soil or bend this sheet.
4. マークれい Marking examples

よい れい Correct Example	わるい れい Incorrect Examples
●	⊗ ○ ◎ ⦶ ⊜ ◐ ●

問題 1				
れい	●	②	③	④
1	①	②	③	④
2	①	②	③	④
3	①	②	③	④
4	①	②	③	④
5	①	②	③	④
6	①	②	③	④

問題 2				
れい	①	②	③	●
1	①	②	③	④
2	①	②	③	④
3	①	②	③	④
4	①	②	③	④
5	①	②	③	④
6	①	②	③	④

問題 3				
れい	●	②	③	④
1	①	②	③	④
2	①	②	③	④
3	①	②	③	④

問題 4			
れい	●	②	③
1	①	②	③
2	①	②	③
3	①	②	③
4	①	②	③

問題 5			
れい	①	●	③
1	①	②	③
2	①	②	③
3	①	②	③
4	①	②	③
5	①	②	③
6	①	②	③
7	①	②	③
8	①	②	③
9	①	②	③